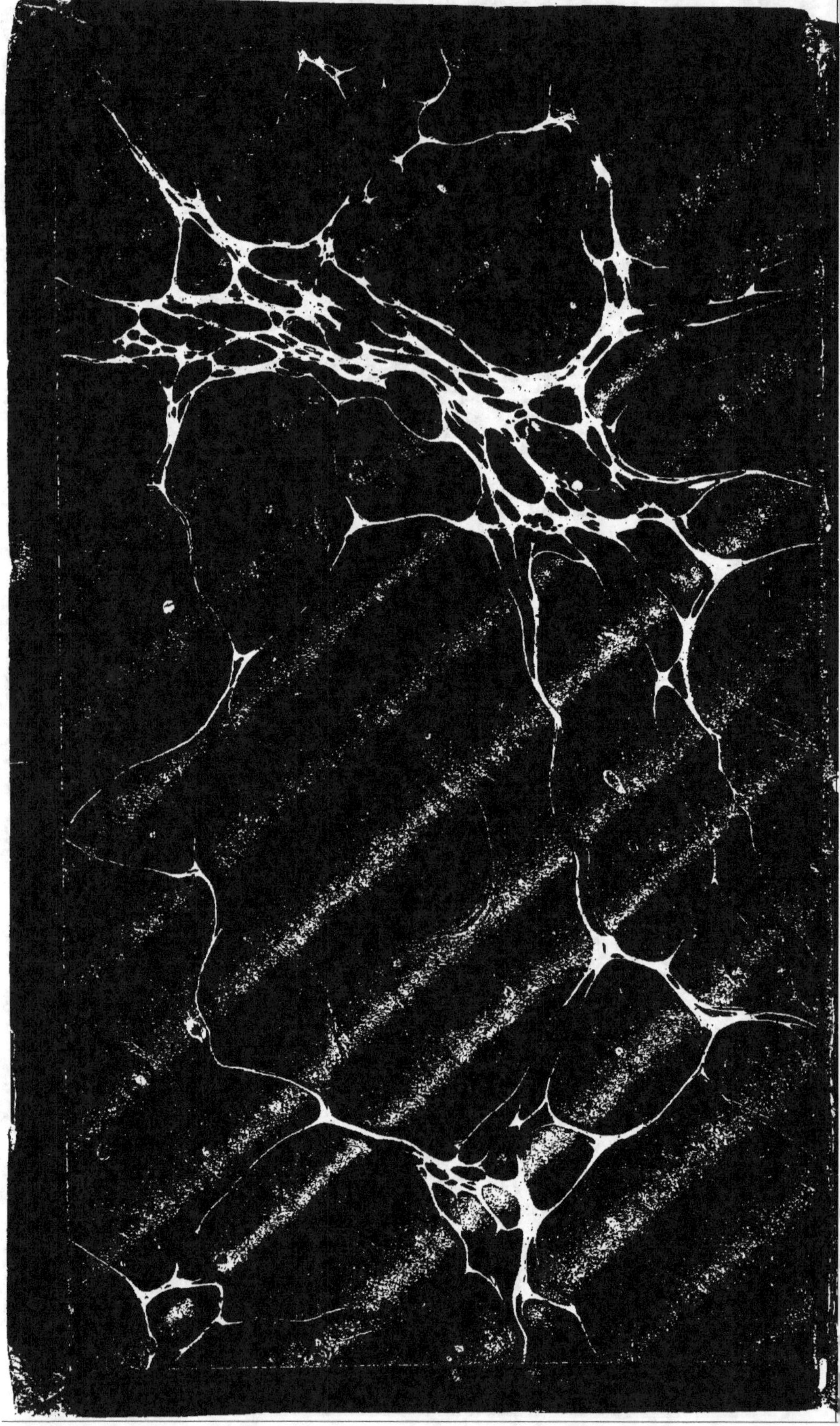

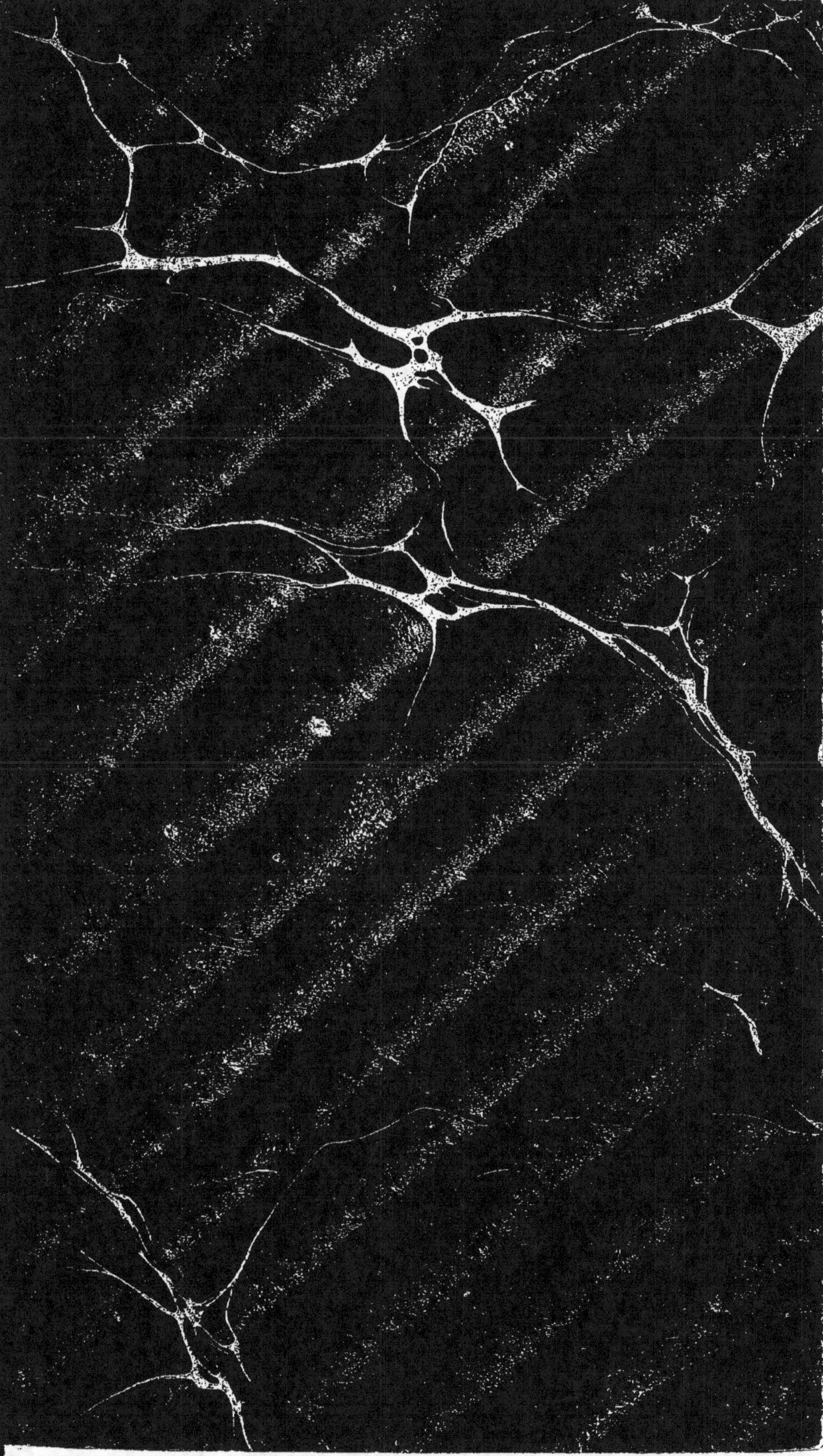

L'ÉMIGRÉ

PUBLIÉ

PAR

M, DE MEILHAN

*ci-devant intendant du Pays d'Aunis,
de Provence, Avignon et du Hainaut,
et intendant-général de la guerre et
des armées du roi de France etc. etc.*

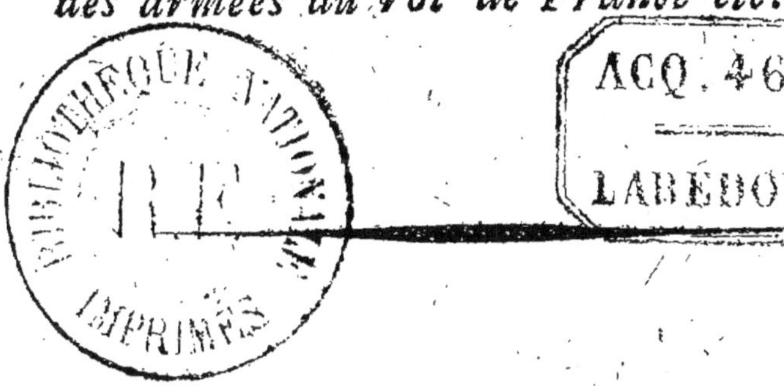

TOME QUATRIEME.

A BRUNSVICK

chez P. F. FAUCHE et COMPAGNIE.

1797.

[illegible]

[illegible]

MANUEL DE [illegible]
[illegible]
[illegible]
[illegible]

[illegible]

[illegible]

[illegible]LION[illegible]
[illegible]

[illegible]

T. IV.
P. 149.

L'ÉMIGRÉ.

L'ÉMIGRÉ.

LETTRE CXVI.

La Duchesse de Montjustin
au
Président de Longueil.

Les Émigrés raiſonnent à perte de vue, Monſieur, ſur le préſent et l'avenir; les uns déſeſpèrent, les autres voient la Contre-révolution prête à s'opérer. Une de mes amies s'entretenait avec moi de ſa ſituation, et me demanda mon ſentiment ſur la durée

des événemens actuels : j'ai dépen-
fé imprudemment, me dit-elle, des
fonds affez confidérables, abufée par
les espérances que faifaient naître
en moi mes compatriotes, et je vois
de jour en jour combien ils fe trompent. Je lui fis part des raifonnemens
que contenait votre lettre à mon coufin, et ils ne font pas faits pour favo-
rifer l'espoir d'un prompt et heureux
changement; elle en fut frappée et
vint me revoir le lendemain, après
avoir fait de profondes et triftes réflexions. C'eft une femme à peu près
de mon âge, expatriée comme moi,
comme dix mille autres, et qui n'a
d'autres reffources pour vivre qu'une
petite induftrie, dont elle a jusqu'ici
tiré un affez bon parti. Elle attend
quinze à dix-huit mille francs, et c'eft
le feul fecours qu'elle puiffe espérer
jusqu'au moment très-incertain du

rétablissement de la monarchie. Que fera-t-elle de ce capital ? Si elle le place en rente sur un pays, elle court des hasards ; la guerre, des troubles à craindre dans l'intérieur des états, rendent douteux les moyens et le crédit des plus puissans ; la fortune des particuliers est liée à celle des gouvernemens, et dépend en outre de leur propre conduite ; les banquiers de Gênes, de Venise donnent des intérêts trop médiocres, et quand il s'agit de la subsistance, on ne peut s'exposer à aucun hasard, ni faire le plus petit sacrifice. Voilà bien des raisonnemens, et les plus grands intérêts de l'Europe calculés pour six ou sept cents livres de rente ; mais mon amie est fondée à dire : *Guenille soit, mais guenille m'est chère.* Dans cette incertitude, l'idée lui est venue de passer en Amérique, d'y employer

ſes fonds en terre et de vivre, bien
ſobrement hélas ! ſur un ſol qui n'eſt
menacé d'aucun ébranlement. Ce parti
demande du courage, elle n'en manque
pas, et l'idée de n'être à charge à
perſonne l'affermit dans ce projet. Si
l'on en croit la plupart des Émigrés,
la Révolution touche à ſa fin ; mais
elle dure depuis quatre ans, et depuis
quatre ans ils ſe livrent au même
espoir toujours déçu : c'eſt cet espoir
qui a fait conſommer à la plupart des
capitaux qui, ſi ils avaient été ménagés, les mettraient aujourd'hui au-
deſſus du beſoin. Mon amie craint de
ſe livrer à de nouvelles illuſions, elle
veut prendre un parti pour échapper
à l'indigence et s'affranchir de toute
dépendance ; elle vous connaît de ré-
putation, et me prie de vous demander votre avis ſur ſon projet de paſſer en Amérique, et vos conſeils pour

(9)

y former un établiffement. Faites-moi
l'amitié, mon cher Préfident, d'y réfléchir avec attention, et de m'écrire
ce que vous penfez; votre avis fera
reçu par mon amie avec foumiffion,
comme la décifion d'un oracle, et par
moi avec reconnaiffance comme une
nouvelle preuve d'une amitié qui fait
depuis fi long - temps le bonheur de
ma vie. Adieu, mon cher Préfident,
je n'ai rien à vous dire fur nos triftes
affaires, que vous ne fachiez, et pour
vous parler de quelque chofe qui vous
intéreffe, je vous dirai que le Marquis fe porte bien, mais que fon cœur
eft bien malade; il fait chaque jour
le projet de ne pas voir la Comteffe,
pour le repos de cette charmante
femme et pour le fien, et comme
les joueurs chaque jour il manque à
fon ferment; il me rappelle ces vers
qui font je crois de VOLTAIRE, et

A 5

peignent si bien les faibles humains :
Le matin je fais des projets,
Et le long du jour des sottises.

Adieu, comptez, mon cher PrésidIent, à jamais sur ma tendre amitié.

LETTRE CXVII.

—

LE PRÉSIDENT DE LONGUEIL
A LA
DUCHESSE DE MONTJUSTIN.

Je n'ai pas besoin, madame la Duchesse, de beaucoup de réflexions pour former mon avis sur la proposition de votre amie. Le parti de passer en Amérique est bon pour un homme jeune, actif et qui possède un capital de cinquante ou foixante mille livres; mais il ne convient point à une femme, et fur-tout lorsqu'elle n'a jamais eu, comme je fuis porté à le fuppofer dans votre amie, aucune habitude de détails éco-nomiques, d'ordre et de foins. Abat-tre des bois, défricher, femer, planter, conftruire une maifon, tout cela eft au-deffus des facultés d'une femme habituée à l'opulence et à l'infou-ciance des détails que donnaient une grande fortune, et la diffipation de la vie de Paris. Voilà, Madame, ce que j'ai à répondre, non à votre amie, mais à celle qui fe cache fous ce masque, à vous enfin madame la Ducheffe; car il m'a été facile de deviner que vous aviez pris ce dé-tour pour ne pas alarmer ma tendre amitié. Vous n'ignorez pas que j'ai des fonds fuffifans pour nous faire vivre tous deux dans l'aifance, et vous favez que mon projet est de vous rejoindre avant peu, d'habiter le séjour qui vous conviendra, et de confondre nos fortunes jusqu'à des temps plus heureux? Je serais donc fondé à vous reprocher de faire un outrage à l'amitié ou à votre ami; mais je sens que vous vous êtes dit, qu'on peut recourir à un ami dans un besoin pressant, et lui demander un secours passager; qu'il n'en est pas de même lorsqu'il s'agit de lui enlever chaque jour une partie de son bien-être, de restreindre ses jouissances. Une telle délicatesse semble pouvoir s'allier avec l'amitié qui souffre des privations d'une personne chère. Cependant, Madame, ces sacrifices ne doivent-ils pas être plutôt enviés que redoutés par celle qui en est l'objet. Vous pouvez aussi mettre dans la balance quelques jouissances du superflu avec la privation du nécessaire pour vous. J'abrège des détails qui fatiguent désagréablement mon cœur, et je passe au moyen qui m'est venu dans l'idée pour concilier votre bien-être, ma satisfaction, et votre délicatesse; je vous offre, madame la Duchesse, de rendre tous nos intérêts communs. Le don de votre main me permettra de vous procurer dans ce moment une vie exempte d'inquiétude, et le don de tout ce que je possède vous en assurera après moi la continuation. Je n'ai point goûté le plaisir d'être riche quand une grande fortune était mon partage, mais en mettant à vos pieds ses faibles restes, j'éprouve la plus douce satisfaction qui puisse remplir un cœur. Songez, madame la Duchesse, que des personnes qui s'aiment et s'estiment, ne sauraient trop dans ces malheureux temps resserrer les nœuds d'une tendre affection et renforcer mutuellement leur courage au milieu de l'abandon général où ils vivent dans les pays étrangers. Si je ne vous croyais pas fupérieure à toute vanité, je me reprocherais de vous faire perdre par notre union, un rang et un titre qui avaient naguères tant d'éclat en France, et diftinguent honorablement chez l'étranger; mais vous favez apprécier à leur jufte valeur, les chofes et les temps, et les perfonnes. Réfléchiffez, ou plutôt écoutez la voix de votre cœur, et foyez affurée qu'il tient à vous de faire le bonheur de ma vie. Adieu, madame la Ducheffe, j'attends impatiemment votre réponfe, et vous renouvelle mon tendre et refpectueux attachement.

LETTRE CXVIII.

LA DUCHESSE DE MONTJUSTIN

AU

PRÉSIDENT DE LONGUEIL.

Votre lettre ne me laisse rien à dire, mon cher Président, et un *oui*, que je répéterai en face des autels avec une sensible joie, sera toute ma réponse. Le bonheur dont je me fais l'idée, pénètre mon ame de la plus douce satisfaction; décidez, mon tendre ami, du jour, du moment où je serai entièrement à vous, où vous me tiendrez lieu de tout, de parent, d'ami, de patrie; croyez que je serai fière de porter le nom de l'homme le plus estimable que je connaisse, et que je me ferai un honneur de devoir tout à l'amitié. C'est après avoir passé par tous les orages de la vie que nous arrivons au port, et le bonheur qu'un de vos amis définissait, l'intérêt dans le calme, sera à jamais notre partage. Notre jeune ami est dans le ravissement de notre union; il ose depuis quelques jours soulever le voile de l'avenir, et l'espoir brille à ses yeux si long-temps obscurcis par le malheur. Adieu, mon tendre ami, arrivez et nous serons heureux.

LETTRE CXIX.

—

LE PRÉSIDENT DE LONGUEIL
AU
MARQUIS DE ST. ALBAN.

Vous êtes, dites vous mon cher et jeune ami, enchanté de mon mariage, mais vous en feriez furpris fi vous ne connaiffiez pas autant les excellentes et aimables qualités de la Ducheffe de MONTJUSTIN, parce que vous avez toujours cru voir en moi de la répugnance pour un femblable lien. Rien n'eft plus vrai, et des nœuds indiffolubles m'ont toujours paru contraires non-feulement au bonheur, mais à la nature humaine, et la faculté du divorce peut seule les rendre supportables. Quel homme, en y réfléchissant, pouvait se décider à s'unir pour la vie entière, comme l'on faisait en France, d'après les seules convenances de la naissance et de la fortune ? Comment pouvait-on se résoudre à éprouver toute sa vie l'humeur, la contradiction, les caprices d'une femme, à lui confier son honneur, puisque tel était le préjugé, à mettre son amour propre en commun avec un être qui peut le faire souffrir sans cesse ; à se priver enfin à jamais de la faculté de choisir un objet propre à faire notre bonheur ? L'assemblage de tant de dangers et d'inconvéniens m'a empêché jusqu'ici de me marier, et voici l'idée que je me suis faite depuis long-temps de ce lien que je redoutais. Le mariage,

fuivant moi, ne convient à un homme
fage que dans trois circonftances : la
première lorsqu'il eft amoureux ;
le bonheur peut dans cette fituation
n'être pas long - temps fon partage,
mais il eft fûr d'avoir quelques beaux
jours : *il eft*, dit LA ROCHEFOUCAULT,
*des mariages heureux, il n'en eft point
de délicieux*. On ne peut rien objecter
à l'homme paffionné, il voit tout en
beau, il voit tout éternel, comment
ne céderait - il pas à un penchant
qu'il effayerait en vain de combattre,
et ne formerait - il pas des nœuds que
l'imagination lui préfente comme des
guirlandes de fleurs ? La feconde circonftance eft celle où, parvenu à un
certain âge, un homme fe trouve attaché depuis quelque temps par une
tendre affection à une femme dont il
a été l'amant ou l'intime ami ; alors
tous les deux s'étant mutuellement

éprouvés, connaissant leurs goûts, leurs opinions, leurs sentimens, n'ont plus rien à craindre de l'orage des passions remplacées par de doux et solides sentimens, et le mariage est pour eux un moyen de consacrer leur amitié aux yeux de tous, et de passer agréablement la soirée de la vie. La troisième circonstance vous paraîtra singulièrement choisie, c'est celle où un homme riche, parvenu à un âge avancé, sans parens qui l'affectionnent, se trouve étranger à la société, et sans intérêt. Alors qu'il fasse la fortune d'une très-jeune personne; je dis très-jeune, parce qu'il faut qu'elle n'ait encore pris aucun pli, et qu'elle lui offre l'image des beaux jours de la jeunesse. Il faut que sans espoir de lui plaire comme amant, il soit forcé de se borner à s'en faire aimer par ses bienfaits, ses dons, sa complaisance, à l'amuser, enfin à en être amusé. Une jeune personne répand alors la vie, et le mouvement dans sa maison, y attire du monde, chasse de son esprit les sombres nuages de la morosité qui accompagne la vieilleffe, ranime dans son cœur la cendre des tendres sentimens. Un vieillard dans un tel mariage reffemble à un homme qui se plaît à regarder d'agréables peintures, à voir danfer de jeunes filles, et à entendre leurs chants. Je me trouve avec madame de Montjustin dans la feconde de ces pofitions, et l'émigration y joint un nouveau genre d'intérêt. Pour vous mon cher Marquis, vous vous trouvez dans la première des circonftances que j'ai décrites, j'ofe tout espérer pour vous d'après l'amitié de la famille, et je penfe que votre cœur vous dit

aussi que la Comtesse ne mettra point
d'obstacles à votre bonheur. Adieu,
mon jeune ami, et ce n'est pas pour
long-temps. J'ai quelques affaires
à arranger ici qui m'y retiendront
sept à huit jours, et ce temps écoulé,
je me rends à Francfort pour être
le reste de ma vie tout entier à l'a-
mitié.

LETTRE CXX.

La Cesse de Loewenstein

a

Melle Emilie de Wergentheim.

Notre aimable Duchesse, ma chère amie, ne fera plus de fleurs, elle épouse le Président dont vous entendez si souvent parler au Marquis; il est depuis quinze ans l'ami de la Duchesse, et touché de sa triste situation, il n'a pas trouvé de moyen plus noble de venir à son secours, que celui d'unir son sort au sien, et de lui faire ensuite partager sa fortune. Voilà donc notre intéressante amie à jamais au-deſſus du beſoin. Le tableau de cette union douce, paiſible, animée d'un ſentiment vrai et ſolide, m'enchante. J'ai une extrême envie de faire connaiſſance avec le Préſident, j'aurais dit de faire *ſa connaiſſance*, ſi le Marquis ne me reprenait ſans ceſſe de cette expreſſion qu'il dit *Allemande*. Enfin je déſire de connaître un homme qui eſt le ſecond père du Marquis, et le premier même par la conſtance de ſes ſoins; il a préſidé à ſon éducation, et l'on peut dire qu'elle lui fait honneur. Il demeurera dans la maiſon de la Ducheſſe, et ce ſera un grand bonheur pour lui de vivre dans la ſociété de deux perſonnes qui lui ſont chères. Il ne ſera plus étranger à tout ce qui l'environne, et il pourra parler la langue de ſon cœur et de ſon eſprit. Cette circonſtance ajoute encore au plaiſir que me cauſe un mariage qui fait éprouver à la Duchesse un aussi heureux changement de fortune. Né manquez pas de lui écrire pour lui témoigner l'intérêt que vous prenez à cet événement. Adieu, j'embrasse bien tendrement, ma charmante amie.

LETTRE CXXI.

—

Melle Emilie
a la
Cesse de Loewenstein.

Je favais, ma chère Comteffe, le mariage de la Ducheffe, et hier chez le
prévôt du chapitre on s'eft fort étendu
fur le facrifice qu'elle était obligée
de faire du titre de Ducheffe ; on l'aurait trouvée, je crois, moins à plaindre
de conferver ce titre glorieux en vi-
vant de fon travail dans un grenier. La
compagnie s'eft un peu calmée lorsque
le comte de Versterbourg a dit que
le Préfident était allié aux plus grandes

maifons de la Cour ; mais la fatisfaction a été complette lorsqu'il a ajouté
que la qualité de Préfident donnait le
droit de mettre fur fes armoiries un
manteau pareil à celui des ducs, et
que l'écuffon de la Ducheffe confer-
verait ce brillant attribut. Enfin on
a été ravi de favoir qu'elle ne s'ap-
pellerait pas Préfidente, mais comteffe de LONGUEIL. Voilà ma chère
amie, les commentaires qui ont été
faits fur le mariage. Pour moi je n'ai
fongé, comme vous penfez bien, qu'à
l'heureux changement de fituation de
notre amie ; c'eft le feul point de vue
fous lequel j'envifage cet événement ;
car vous favez qu'il faut, pour qu'un
tel lien m'intéreffe, qu'il uniffe des
perfonnes jeunes, aimables et paffion-
nées ; mais un mariage retardé par
un accès de goutte ne préfente rien de
féduifant à l'imagination. Le Préfident

ne peut être le sujet d'un roman, et dans tout ce qui a rapport à l'union des sexes, j'aime les idées romanesques. Il a cinquante-quatre ans, et il pourrait être le père de la Duchesse qui n'en paraît avoir que vingt-cinq, c'est-à-dire dix de moins que son âge; elle peut donc prétendre encore à m'intéresser, mais, pour le Président il ne s'offre à mes yeux que sous l'aspect d'un père ou d'un oncle respectable, et à ce titre je lui sais gré, ainsi que vous, de l'éducation du Marquis. J'ai écrit à la Duchesse, pour lui faire mon bien sincère compliment; je songeais souvent pour elle avec effroi à l'avenir, je la voyais malade, infirme et forcée d'interrompre son travail; le sort ne peut plus rien contre elle, grâce au respectable Président. Adieu, ma Victorine.

Le Baron se porte bien, et m'a écrit une lettre charmante que je vous

montrerai; il y est fort question de
vous et je serais tentée d'être jalouse
de tout ce qu'il en dit.

LETTRE CXXII.

LE PRÉSIDENT DE LONGUEIL
AU
MARQUIS DE ST. ALBAN.

Je m'acquitte, mon cher et jeune ami,
d'une triste fonction que l'amitié m'im-
pose. La lettre et les papiers que
je joins ici, vous apprendront un événement qui m'est aussi sensible qu'à
vous : votre père n'est plus, sa mort
a suivi de près l'écrit que je vous
envoie, et qui contient ses dernières

volontés. Vous perdez un père bon, humain, généreux, et plus sensible qu'il ne croyait l'être, et moi je perds un ami fidelle et d'une inaltérable probité. Il s'était fait des principes de philosophie différens des miens, il méprisait les hommes et leurs affaires, et renonçant aussitôt qu'il le put aux emplois et à la fortune, il ne voulut avoir avec le monde que des rapports de plaisirs et de bienfaisance. Croyant devoir suivre une autre route, j'ai pris un rôle actif dans la société, pour être plus utile aux hommes, et j'ai eu la présomption de remplir avec plus de zèle qu'un autre les fonctions auxquelles je m'étois voué; j'ai espéré que je diminuerais aussi la masse des injustices, qui naissent de l'inattention de la légéreté et quelquefois de l'improbité. Vous trouverez dans ce paquet un recueil de maximes, qui contiennent

de grandes et triftes vérités auxquelles
font préférables de douces illufions.
Le philofophe qui analife, décompofe,
reffemble à un anatomifte qui dirait
en voyant une belle femme : ce font
des os, des chairs, des muscles; mais
l'homme qui la contemple et fur-tout
à travers le prisme de la jeuneffe, voit
une figure charmante, et des formes
qui le raviffent. Un géomètre affiftant
à une tragédie touchante difait : *qu'eft-
ce que cela prouve?* Le fort de fon voi-
fin dont le cœur était attendri , dont
les yeux répandaient des pleurs de-
licieux, qui fentait enfin vivement,
n'eft-il pas préférable à celui de l'in-
fenfible géomètre ? Les maximes que
je vous envoie doivent être lûes avec
précaution ; c'eft ce qui m'a engagé à
vous faire , dans une auffi trifte circonftance, ces courtes obfervations.
Vous perdez un père qui avait tâché

de ſubſtituer la raiſon au ſentiment, et qui ne vous en aimait pas moins; ſon eſprit était véritablement dupe de ſon cœur, et ſi quelque choſe peut adoucir la perte que vous faites, c'eſt le ſort auquel cet homme eſtimable était expoſé. Vous êtes privé d'un père, c'eſt tout ce que vous verrez et ſentirez dans votre douleur; mais il a fini tranquillement au milieu de troubles ſanglans, qui ne ſont pas encore à leur terme; il a fini au moment où il était menacé d'en être la victime. C'eſt dans des temps ſemblables, au milieu des proſcriptions, qu'un ami de CICÉRON s'efforçait de le conſoler de la perte de ſa fille et par les mêmes motifs. Voici la lettre de SULPICIUS à ce grand homme; et le nom de *fille* changé en celui de *père*, elle renferme tout ce que je pourrais vous marquer de plus ſage, et de plus touchant.

Servius Sulpicius à M. Tulius Ciceron.

,,Pourquoi donc vous livrer à la tristesse avec si peu de modération ? Considérez comment la fortune nous a déjà traités. Elle nous a privés de tout ce qui nous est aussi cher que nos enfans, de notre patrie, de notre crédit, de notre dignité et de nos honneurs. Après tant de pertes, quel mal pouvons-nous recevoir d'une disgrâce de plus, ou comment peut-il nous rester quelque sensibilité, pour ce qui ne peut jamais égaler les malheurs que nous avons déjà ressentis ? Est-ce le sort de votre père que vous pleurez ? Eh ! comment ne faites-vous pas réflexion à ceux qui dans le temps où nous sommes ont payé le dernier tribut à la nature, sans avoir eu beaucoup à souffrir dans la vie ? Connaissez-vous quelque chose dans les circonstances présentes qui ait pu la faire aimer à votre père? Quels défirs, quelles espérances, quels projets de bonheur avait-il à former? Etait-ce de voir fon fils s'élever à tout ce qu'il y a de plus brillant pour la jeuneffe Françaife? Etait-ce d'avoir de petits-enfans pour reffentir le plaifir de les voir arriver dans la fuite à la fortune de leurs plus proches parens, de les voir jouir des honneurs de leur état, et recueillir enfin tous les avantages de leur naiffance, dans la fociété de leurs amis, et avec le pouvoir de leur rendre fervice? Nommez-moi un feul de tous les biens dont ils n'euffent pas perdu l'espoir avant que de pouvoir y prétendre. Mais c'eft un malheur, direz-vous, de perdre un père qu'on révère et qu'on aime. J'en conviens; mais n'en eft-ce pas un plus grand de fouffrir tous les maux qui nous accablent aujourd'hui ? Je ne puis oublier une réflexion qui m'a beaucoup foulagé, et qui aura peut-être la même force pour diminuer votre affliction. A mon retour d'Afie je faifois voile d'E-gine vers Mégare, j'ai fixé les yeux fur les pays qui étaient autour de moi. Egine était derrière, Mégare devant, Pyrée fur la droite et Corinthe à ma gauche; toutes ces villes autrefois célébres et floriffantes, font au-jourd'hui renverfées et presque enfe-velies fous leurs ruines. A cette vue je n'ai pu m'empêcher de tourner mes penfées fur moi-même. Hélas ! difais-je, comment nous livrons-nous fi amèrement à la douleur pour la mort de nos amis dont la vie doit être fi courte, tandis que les reftes de tant de villes fameufes font étendus devant nos yeux fans vie et fans forme ? Croyez-moi cette méditation

ne m'a pas peu fortifié. Faites en
l'essai fur vous - même, et représen-
tez - vous le même fpectacle. Mais
pour en revenir à ce qui vous touche de
plus près, fi vous confidérez combien
nous avons perdu de grands hommes
dans ces derniers temps, qu'elle des-
truction nous avons vue dans l'Empire,
quel ravage dans toutes les provinces,
ferez - vous fi frappé de la perte d'un
homme dont le fort était de mourir
dans peu d'années ? Votre père a
vécu auffi long - temps que la monarchie a duré ; il a joui de tous les agré-
mens de la vie."

Appliquez-vous mon cher ami, tout
ce que dit Sulpicius à Ciceron, et
peut-être fentirez-vous moins vivement
des malheurs qui font le partage d'un
auffi grand nombre de gens vertueux
de toutes les claffes de la fociété. On
eft tenté de croire que ce qui nous

afflige est sans exemple, mais il n'est rien dans l'humanité qui soit inouï, et c'est faute de réflexion et de savoir, qu'on est étonné.

Adieu, mon cher et malheureux ami, comptez que tant que je vivrai, vous aurez le père le plus tendre. Je vous embrasse mille fois, de tout mon cœur.

LETTRE CXXIII.

LE COMTE DE ST. ALBAN
AU
PRÉSIDENT DE LONGUEIL.

Je m'adreſſe à vous, mon cher Préſident, parce que le haſard m'a fait ſavoir votre demeure en Allemagne, et
que j'ignore où eſt mon fils ; ſon attachement pour vous me porte à croire
qu'il ne vous aura pas laiſſé ignorer
ſon ſort, et ſi vous en êtes inſtruit,
je vous prie de lui faire parvenir le
paquet ci - joint. Il contient une
lettre pour lui, une aſſez groſſe
ſomme en billets de la banque

d'Angleterre, et c'eſt ce qu'il y a de plus intéreſſant. J'y ai joint une espèce de catéchisme de morale qui peut être utile, lorsque l'on n'eſt point entraîné par la fougue des paſſions ; prenez mon cher ami, lecture du tout, et ſi vous appreniez que mon fils n'eſt plus, daignez accepter comme un don de la plus tendre amitié, la ſomme portée dans les billets. Si vous n'en avez pas beſoin pour améliorer votre fort, ils vous ſerviront à ſoulager des malheureux. Adieu, mon cher ami, et pour jamais. Hélas ! Combien ce jamais me paraît affreux en ce moment. . . . . Ma lettre à mon fils vous apprendra ma ſituation, mes ſentimens, mes opinions ; il eſt donc inutile que j'entre avec vous dans un détail qui ne ferait qu'une répétition. Recevez, mon cher ami, mes éternels adieux, je touche à la fin de ma carrière qui a été heureuse jusqu'à ce moment, et je puis, au milieu des sanglantes et journalières exécutions, dire avec plus de vérité que NINON : *je ne laisse au monde que des mourans.*

LETTRE CXXIV.

LE COMTE DE ST. ALBAN
AU
MARQUIS DE ST. ALBAN.

Je profite d'un moment de calme, mon cher fils, pour vous écrire, non mes dernières volontés, car je n'ai rien à faire exécuter, mais pour vous instruire de ma situation, et vous faire passer des secours que vous a ménagés mon amitié. Je joins un petit recueil de maximes, croyant vous devoir mes pensées comme ma fortune, afin

de vous laiffer tout ce que je poffède.
Si vous n'ufez pas de mes maximes,
elles feront pour vous ce qu'eft le
portrait d'une perfonne qui nous fut
chère, ou qui du moins nous a aimé,
elles me rappelleront à votre fouvenir :
leur enfemble forme en quelque forte
le tableau de mon ame.

Je n'entreprendrai pas de vous donner
d'autres confeils, car je fais trop combien ils font inutiles en général, et à
quel point l'imprimerie a détruit l'in-
fluence paternelle. Que pourrais-je
vous dire, que des écrivains, qui ont
beaucoup plus de lumières, ne vous
ayent bien mieux enfeigné ? Mes confeils au refte feraient conformes aux
principes que vous fuivez, et qui,
changés pour la plupart des hommes
en préjugés, n'en étaient que plus
utiles à la fociété. La nobleffe françaife
et le peuple étaient plus qu'aucune

autre nation attachés à leur Roi, et leur cri de *vive le roi*, dont l'accent partait de l'ame, avait fa racine dans une longue fuite de faits. Aucune race de fouverains ne régnait fur un grand peuple depuis un auffi grand nombre d'années, et l'origine de la nation fe confondait en quelque forte, avec celle de la dynaftie régnante: de là ce respect profond des Français pour leurs monarques. La majeure partie de la nation leur devait la liberté dont elle jouiffait depuis fix cents ans : de là cet amour, pour ainfi dire inné, et qui pour n'être pas raifonné, n'en était peut-être pas moins fondé fur la raifon. Vous vous êtes ainfi dévoué, mon fils, à la monarchie, fans vous en rendre compte ; une perspective éclatante et l'accueil favorable qu'on vous a fait à la cour, vous ont inspiré de bonne heure un

attachement particulier pour le monarque. Ainsi votre éducation, votre
naissance, votre ambition et la reconnaissance vous ont rendu nécessairement
partisan de l'ancien régime. J'étais
autrefois bien éloigné de penser de
même, et mes sentimens se font ressentis, presque jusqu'à ce jour, de la
manière dont j'ai passé ma première
jeuneffe. Elevé dans un collège, je
ne me suis point regardé comme un
être privilégié; des camarades forts
et courageux m'ont appris à me défier
de mes forces, et d'autres, spirituels
et appliqués, à ne point m'aveugler
fur mes talens fans ceffe comparés.
Je lifais avec intérêt les anciens au-
teurs, ils m'inspiraient la haine de
l'oppreffion, et l'amour de la liberté.
Enfuite les tragédies de CORNEILLE
et plufieurs de celles de VOLTAIRE
fortifièrent en moi ce penchant vers

cette liberté, idole des anciens peuples. L'histoire des temps modernes ne m'infpirait que du dégoût: elle me préfentait des ufurpateurs barbares, des fuperftitions cruelles et ftupides, au lieu des charmantes allégories de l'antiquité; enfin des noms diffonans hériffés de confonnes, au lieu des noms harmonieux des héros Grecs et Romains. Les idées de liberté et de grandeur d'ame attachées en quelque forte au peuple de la Grèce et de Rome, en mé faifant contracter du mépris pour nos gouvernemens, éteignirent en moi jusqu'au germe de l'ambition; il m'aurait fallu, pour lui donner l'effor, être transporté dans le *Forum*. Quand je voyais les courtifans fe preffer à la toilette de madame de POMPADOUR et affiéger la porte de quelques miniftres; quand je fongeais que ceux qui s'élevaient

aux plus grands emplois, n'auraient
ofé révéler par quels bourbeux fen-
tiers ils avaient dirigé leur marche
oblique, je mettais en oppofition le
brillant ALCIBIADE ami de SOCRATE
et de PÉRICLÈS, les HORTENSIUS,
les CICÉRON régnant par la parole,
élevant ou abaiffant à leur gré les
flots d'un peuple tumultueux; enfin
marchant rapidement à la clarté de
leurs vertus, dans la brillante carrière
des honneurs.

L'état militaire était le feul qui
convînt à ma naiffance, et j'entrai au
fervice par obéiffance pour mes parens; mais cet état me répugnait;
j'avais de la peine à me réfoudre à
être l'inftrument du caprice des rois,
et à faire couler le fang des hommes
pour une gloire menfongère; la mort
de mon père m'ayant rendu libre, je
m'empreffai de quitter le fervice.

Depuis cette époque je ne fongeai qu'à faire aux hommes qui m'environnaient, tout le bien que comportaient mes facultés. L'organifation des êtres animés me parut être ce qu'il y avait de plus admirable dans la nature, et respectant jufqu'à la vie dés animaux, je répétais fouvent avec enthoufiasme ces fublimes vers de MÉTASTASE :

> „*Il torre altrui la vita,*
> „*E facolta commune.*
> „*Al più vil della terra. Il dar' la è*
> *folo*
> „*De' numi e de' regnanti.*"

Je me livrai à l'étude, mais défefpérant de pouvoir approfondir le fyftème phyfique et moral de l'univers, je me bornai bientôt aux ouvrages de pur agrément. Les plaifirs font la feule reffource de l'homme ardent et paffionné dont l'ambition eft contrariée : je ne pouvais prétendre à jouer

le rôle de CICÉRON et je pris celui
de PÉTRONE. Le goût des lettres et
l'amour d'une vie voluptueuse amor-
tirent en peu de temps mon ambition,
et jusques à l'assemblée des Notables
je ne fus occupé que des lettres, de
mes plaisirs et du bien que je pouvais
faire aux hommes.

La perspective des Etats - généraux réveilla une partie de mes anciennes idées, mais elles étaient tem-
pérées par l'âge. La grande scène
qui s'ouvrit bientôt après leur assemblée, excita tout mon intérêt. Je
pensai qu'il serait possible d'assurer la
liberté et la propriété, et que le désir
même de conserver ses richesses, qui
rend égoïste, pourrait dans un siècle
corrompu créer en quelque sorte un
esprit public. Je me faisais donc l'idée
d'un gouvernement tel que le peint
TACITE, et qui est le mélange des trois

genres de gouvernement. Ce beau songe fut bientôt suivi d'un funeste réveil; la prise de la Bastille m'apprit qu'il n'y avait plus de roi.

Le tréfor de l'opinion était épuifé, celui du fisc ne l'était pas moins, et je me rappelai alors ces mots du marquis de MIRABEAU, imprimés dès le temps de LOUIS XV: „Sire vous „avez vingt-quatre millions, plus ou „moins de fujets, et vous en êtes „réduit à ce point de ne pouvoir ob- „tenir leurs fervices. " Je préfageai le maffacre du malheureux monarque et de fa noble et infortunée compagne; mais un affaffinat juridique ne fe préfenta pas, je l'avoue, à mon esprit. La déclaration des *droits de l'homme*, par fon titre feul, animait le peuple, flatté d'entendre parler de fes droits. Les hommes ne naiffent malheureufe- ment pas égaux en droits, car dans

l'état de nature, l'homme faible ou
inepte n'a pas un droit égal à celui
de l'homme fort et adroit, fur les animaux propres à fa fubfiftance. La
nature, s'il m'eft permis de me fervir
d'une telle comparaifon, femble avoir
établi un arbre de *Cocagne*, au haut
duquel sont les objets néceffaires à
la fubfiftance de l'homme et à fa con-
fervation. Les plus adroits et les plus
agiles atteignent le but, les autres
languiffent et meurent. A cette
maxime des droits de l'homme il
faudrait fubftituer celle-ci: ,,les
hommes naiffent égaux en droits à la
protection de la loi.'' Il n'eft point
de vérité abfolue, et les hommes fe
trompent bien moins, faute d'entrevoir
la vérité, que faute d'en apercevoir les
limites. Les mots décevans d'égalité
chatouillèrent l'oreille du peuple; il
fe crut reporté aux premiers âges

d'un monde fabuleux, et appelé à partager avec les riches. Ah! combien,
mon fils, il eſt faux que la nature
qui s'embarraſſe ſi peu des individus,
ait fait les hommes égaux; et combien
on s'éloignerait de l'humanité en voulant rapprocher les hommes de ce que
l'on appelle l'état de nature. Le monde
conſidéré ſous cet aspect, n'offre qu'une
ſcène de douleur, uniforme et dégoû-
tante; des millions d'êtres doués du
ſentiment et de la vie, qui ne ſe con-
ſervent qu'aux dépens, qu'au prix
des ſouffrances et de la deſtruction
d'autres êtres qu'ils dévorent, et qui
ont de commun avec eux la ſenſibilité,
peut-être même la penſée. Quels crimes
ne ſeraient pas conſacrés par le récit
des guerres perpétuelles et ſanglantes
des habitans de l'air, des mers et de
la terre! Que le ſyſtème de POPE eſt
abſurde, et qu'il eſt inſultant pour

l'humanité souffrante ! La nature fournit des germes, mais c'est à la raison,
à la perfectibilité, dont l'homme a
été doué, de les cultiver, les modifier
et les développer.

On commençait à parler de république ; j'avais été leur admirateur
dans ma jeunesse, et je relûs avec le
plus vif intérêt, l'histoire de la Grèce
et de Rome. Combien alors je jugeai
différemment ces temps et ces moeurs
que mon esprit n'avait considérés
que fous le côté brillant, que présente
la réunion des plus grands talens.
Entraîné par les circonstances à approfondir, je trouvai autant de bar-
baries exercées par ces hommes si
polis, si éloquens, que par des hordes
sauvages. J'aperçus aussi, en réfléchissant attentivement, qu'il n'y avait
jamais eu de véritable démocratie. La
noblesse parmi les *Grecs* donnait un

ascendant marqué, et Rome avec ses Consuls, ses Dictateurs, ses Patriciens, ne présente aucune apparence d'égalité. Comment imaginer, me dis - je alors, d'établir sur d'immenses proportions, une machine qui n'a pu dans la Grèce réussir, même en petit? Revenu des erreurs qui avaient enchanté ma jeunesse, je commençai à douter des avantages que retire l'homme du progrès des lumières, j'allai même jusques à croire qu'il était fatal par delà un certain degré; enfin je fus frappé de voir que toutes les religions s'accordaient avec mon sentiment. Toutes sont en effet fondées sur le danger d'éclairer les hommes : ouvrez la bible, qui est une histoire sacrée et véritable, dont les autres nations ont emprunté les idées pour appuyer leurs fables, vous verrez dans ce livre, Dieu interdire à l'homme le fruit de l'Arbre de vie, qui communique la science du bien et du mal. Vous entendrez Dieu qui dit en parlant d'ADAM : il se croit semblable à nous. Le peuple qui, brisant tous les liens, croit pouvoir gouverner, ne serait-il pas cet ADAM qui se croit semblable à Dieu. La fable de *Pandore* est une copie de la Bible, et cet ingénieux emblème apprend également le danger de la curiosité de l'esprit. Il en est de même de celle de *Prométhée* qui ravit le feu du ciel, et du Satyre qui brûle sa barbe, en s'approchant du feu ; enfin les anciens mystères n'étaient-ils pas des précautions prises pour circonscrire la propagation des lumières dont l'abus est si dangereux ? En voyant les fondateurs des religions les appuyer toutes sur cette même idée, ne serait-on pas fondé à croire que les hommes, dans des temps reculés

et dont on ne peut fixer l'époque,
avaient atteint le dernier degré des
lumières qu'ils peuvent acquérir,
et qu'une grande révolution ayant fait
périr la plus grande partie de cette
race d'hommes, les plus éclairés parmi ceux qui restèrent, frappés des
inconvéniens de la science, crurent
devoir faire leurs efforts pour la pros-
crire, et établirent des religions d'a-
près ces principes? Pénétré de ces
idées, je déplorai les fatales lumières
du dix-huitième siècle, et prévoyant
les malheurs qui devaient résulter de
la fermentation de la lie de la nation,
je me retirai dans ma terre. On m'a
cru misantrope dans le monde, tandis
que la philantropie était en quelque
forte chez moi une passion. Le premier des hommes de ce siècle, est à
mes yeux J. Howard parcourant
l'Europe et l'Asie pour examiner la

fituation des malheureux détenus dans les prifons, et descendant dans les plus affreux cachots, pour adoucir le fort des victimes des inftitutions fociales.

Jugez d'après ces fentimens, de l'horreur que m'infpirent les temps préfens, et même l'avenir qui me paraît chargé des plus fombres nuages. Si les Français fortent victorieux du grand combat où ils font engagés, et fi leur gouvernement fe foutient pendant quelques années, quel état fera à l'abri de la contagion démocratique, s'il n'ufe pas des plus grandes précautions? La doctrine de LUTHER s'eft établie en moins de trente ans fur les ruines du catholicisme; les peuples étaient alors plus fuperftitieux, et les idées qu'il s'agiffait d'établir, pour la plupart abftraites; enfin il fallait être à un certain point inftruit pour discuter et perfuader; il n'en ferait pas de même des idées de liberté, appuyées de l'exemple d'une grande nation, ornées de la gloire du fuccès. Je ne ferais pas étonné que le chef de l'Empire, frappé de ces confidérations, ne profcrive à la paix la langue françaife de fa cour et de fes états, n'interdife l'entrée des ouvrages écrits en cette langue et ne renvoie de fon armée tous les déferteurs Français. Une langue, ne peut être dominante, fans que les idées quélle transmet ne prennent un grand ascendant fur les esprits, et une nation qui parle une autre langue que la fienne, perd infenfiblement fon caractère.

Après avoir paffé une affez longue vie, dans un cercle de plaifirs et d'émotions agréables, la Révolution marchant à pas de géant m'a fait connaître que j'aurais peine à me dérober aux

fureurs de ses agens ; je ne crains
point la mort, c'est-à-dire de cesser
d'être, mais je redoute infiniment la
douleur. Il est évident, que menacé
fortement d'une fin douloureuse, après
avoir vécu sain et heureux, aussi
long-temps que le comporte la nature humaine, la raison me dictait de
mettre un terme à ma vie, et de me
rendre maître de mes derniers momens pour en écarter les horreurs
dont les aurait environné la barbarie
révolutionnaire ; c'était abandonner un
vase qui ne contenait plus que la lie
d'une liqueur enchanteresse ; ce n'é-
tait que diminuer de quelques mois
une carrière qui n'offrait plus que
des craintes et des troubles, et qu'est-
ce que ce peu de temps de plus à
vivre, comparé aux souffrances et à
l'humiliation de la captivité, à une
mort violente, soufferte et donnée de

fang froid ? J'étais déterminé à ufer d'un poifon auffi fûr que prompt, que j'ai toujours porté fur moi depuis la Révolution, lorfque la nature bien-faifante m'a épargné cette peine. Ma poitrine s'eft affectée, et le mal aug-mentant fans me faire fouffrir, m'a conduit infenfiblement au dernier terme. Je me fuis alors occupé de vous faire paffer les fonds que j'avais raffemblés pour vous; tâchez de les placer fûrement en pays étrangers; car ils font peut-être votre dernière et unique reffource. Il faut avant tout fe garantir de la mifère; tout autre malheur doit peu affecter un homme jeune et bien portant; mais le befoin, la dépendance, et le mépris des autres empoifonnent la vie, flétriffent l'ame, abâtardiffent le génie. Je ne vous demande point de vous fouvenir de moi, car je ne fuis pas affez infenfé

pour exiger et attendre d'un être auſſi
mobile et changeant que l'homme, des
ſentimens durables, et ces ſentimens
ne me ſerviraient à rien. Je ne vous
parlerai pas non plus de ma tendreſſe
paternelle ; ôtez de ce ſentiment l'a-
mour de la domination, et la vanité de
ſe perpétuer, ôtez-en l'habitude, que
reſte-t-il ? La domination ne m'a
jamais plu, et me fatiguerait ; la vanité, j'ai paſſé ma vie à la combattre ;
l'habitude, j'ai peu vécu avec vous, et
nos goûts et nos ſentimens diffèrent
comme nos âges. J'ai donc pour vous
ce ſentiment que produit l'impreſſion
d'un objet qui plaît : votre figure
m'intéreſſe, votre esprit m'eſt agréable,
et votre cœur m'a paru bon ; tout cela
joint à la raiſon, m'a conduit à m'occuper de vous rendre heureux. Quel
eſt ce ſentiment ? Ce n'eſt pas celui
qu'on appelle amitié ? non, car il

fuppofe des rapports d'âge et de goûts, c'eft donc *affection*, *prédilection*, et tel eft mon fentiment pour vous. Adieu, je ne ferai plus quand vous recevrez cette lettre.

Si quid novifti rectius iftis
Candidus imperti; fi non,
his utère mecum.

HORACE.

„La vertu n'eft pas une chofe arbitraire; mais il faut favoir la définir, et en féparer tout ce qui tient à l'exaltation de l'ame. La vertu eft l'amour de l'ordre, et l'art d'opérer fon propre bonheur fans aucun dommage pour autrui. De l'habitude de cet ordre réfulte une fatisfaction intérieure, qui écarte de nous le trouble, les regrets, l'incertitude, et nous encourage à suivre la même route."

„Chacun doit s'empreſſer de faire aux autres le bien que comportent ſes facultés, ſans attendre de reconnaiſ-sance, et ſans mettre dans ſes actes de bienfaiſance, rien de paſſionné qui puiſſe compromettre le repos."

L'homme ne peut arriver à la bon-té dont il eſt ſusceptible, que par la réflexion et le calme; l'homme paſ-sionné a toujours entre les mains une arme dangereuſe de laquelle il doit, ainſi que les autres, ſe défier."

„Ce qui doit dégoûter de la ſcience, c'eſt que jamais elle ne nous appren-dra ni l'origine du monde, ni le pre-mier principe des êtres, ni leur des-tination."

„La ſcience de la morale eſt la ſeule utile à l'homme; elle doit être pour lui, ce qu'eſt au pilote la connaiſſance des vents et des écueils ; par elle on connaît les principes qui dirigent les actions des hommes, ce que l'on doit craindre ou eſpérer d'eux, elle nous éclaire enfin ſur nos penchans, et nous apprend à les régler."

„Deux penchans oppoſés attirent l'homme en ſens contraire ; l'horreur de l'ennui et l'amour du repos : le grand art eſt d'échapper à l'un ſans troubler trop violemment l'autre, de trouver un état mitoyen entre la léthargie et la convulſion."

„Le plus grand des biens eſt la volupté des ſens ; l'art le plus néceſſaire au bonheur eſt de ſavoir jouir, et de ſavoir s'abſtenir pour jouir mieux et plus long-temps."

„Il eſt bon d'exercer ſon eſprit pour ſe procurer des plaiſirs à tous les âges ; il eſt bon de ſe former des plaiſirs

(63)

intellectuels, qui fervent d'entr'actes aux plaifirs des fens, qui font les feuls réels (*); enfin, pour que l'imagination leur prête encore de nouveaux charmes, prolonge leur durée par d'ingénieufes recherches, et multiplie nos émotions. "

„Le terme des plaifirs doit être le degré où ils deviennent nuifibles à nous ou aux autres. "

„Celui qui a éprouvé dans fa journée, la fomme de fenfations agréables, dont fes organes font fusceptibles fans altération, et dont l'ame a éprouvé

---

*) Ceux qui feront furpris de cette affertion, n'ont qu'à lire les lettres de Milady MONTAIGU, femme dont les mœurs n'ont point été critiquées, et dont l'esprit eft reconnu, ils y trouveront: *Les plaifirs des fens font les feuls véritables.*

Lettre XLIII.

des émotions dégagées de trouble, a été heureux ce jour - là, et si le nombre de pareils jours l'emporte dans le cours de sa vie, il peut se dire en mourant, qu'il a eu de la nature un des meilleurs lots."

„Il faut dans les maux physiques, employer des remèdes tirés du moral, et dans les chagrins des remèdes physiques, exalter l'ame pour faire diversion à la douleur, exercer et fatiguer le corps pour faire diversion au chagrin."

„L'ambition est une passion dangereuse et vaine, mais ce serait un malheur pour la plupart des hommes que d'en être totalement dénués; elle sert à occuper l'esprit, à préserver de l'ennui qui naît de la satiété; elle s'oppose dans la jeunesse à l'abus des plaisirs, qui entraînerait trop vivement; elle les remplace en partie

dans la vieilleſſe, et ſert à entretenir
dans l'esprit une activité qui fait ſen-
tir l'exiſtence, et ranime nos facultés."

„Les grandeurs et la gloire perdent
tout leur prix, quand on conſidère que
celui qui fait les mépriſer, eſt réelle-
ment au-deſſus de celui qui eſt flatté
de les poſſéder."

„Les richeſſes par delà une certaine meſure ne ſervent pas au bonheur; et l'homme ſage doit ôter du
prix qu'on y met, tout ce qui eſt re-
latif à la vanité."

„L'habitude ſemble avoir été donnée à l'homme pour établir un équi-
libre de biens et de maux, elle dimi-
nue du prix des avantages dont jouit
l'homme fortuné, et affaiblit le ſentiment des maux et des privations
qu'éprouve l'homme malheureux ;
cette compenſation bien examinée, on
verra qu'il y a moins de différence

qu'on ne croit entre le riche et le pauvre."

„Ceux qui envient le fort des riches semblent croire qu'ils font toujours prêts à jouir de tous les objets qui peuvent leur plaire, et qu'ils voient toujours avec une égale fatisfaction les objets agréables qui les environnent; cette erreur eft pareille à celle des religieufes, dont le Prince d'ORANGE difait : „Elles croient que les maris „goûtent fans ceffe avec leurs femmes „les plaifirs de l'amour, que les am- „baffadeurs écrivent du matin au „foir, et que les militaires ont tou- „jours le fabre à la main."

„Celui qui n'eft pas heureux avec de la fanté et de l'argent, eft un fou."

„Tout ce qu'il y a de *moral* dans l'amour eft factice et dangereux, et il n'y a de bon que le *phyfique* de cette paffion."

„Il faut croire affez à l'amitié pour avoir de douces illufions, mais jamais ne s'abandonner affez fortement, pour être furpris de n'avoir embraffé qu'un nuage.“

„Il n'eft perfonne à qui l'on doive confier des fecrets dont la publication peut compromettre la vie et le bonheur; il faut donc féparer d'avance, dans fa penfée, tout ce qui doit être l'objet d'un profond filence avec le plus intime ami, et s'abandonner à lui pour tout le refte. C'eft une vafte maifon ouverte à l'amitié, dont une feule pièce refte fermée.“

„Le plus grand plaifir en amitié eft de parler de foi, et cet épanchement provient d'une faibleffe mêlée d'amour propre.“

„Ce qu'il y a de plus rare parmi les hommes, c'eft le fecret; les grands y manquent envers leurs inférieurs par une forte de mépris de leurs intérêts, et on y manque envers fes égaux par le même principe qui leur fait confier leur fecret. Il ne faut jamais perdre de vue le proverbe italien: un et un font deux. "

„Cacher fon amour propre et careffer celui d'autrui eft le contraire de ce que font les hommes, et c'eft cependant le feul moyen d'avoir avec eux des rapports agréables, et de leur plaire.

„Il faut éviter les méchans reconnus pour tels, et particulièrement ceux qui joignent à la méchanceté un degré de folie, parce que leurs actions font incalculables. "

„A mesure que que l'on vieillit, il faut fe concentrer davantage dans foi-même, fe réduire au bonheur fenfuel, et reftreindre fes rapports avec les autres, parce qu'on n'en peut attendre

que des marques du mépris inné dans
le cœur de l'homme pour tout ce qui
décèle l'impuiffance, et que la vieilleffe èft la plus grande des impuis-
sances. "

LETTRE CXXV.

LE MARQUIS DE ST. ALBAN

AU

PRÉSIDENT DE LONGUEIL.

J'ai reçu, mon respectable ami, votre
lettre et les triftes dépêches qui l'ac-
compagnaient: me voilà donc privé à
jamais de tout ce que j'avais de plus
cher; aimez-moi, s'il eft poffible, encore plus, car vous feul me reftez, et

me tenez lieu de tout ce que j'ai perdu. J'ai peu vécu avec mon père, mais je connaissais ses estimables qualités, et je savais que son cœur contrariait les maximes de son esprit. Hélas ! je me flattais de le rejoindre, et qu'il vivrait encore vingt ans ; le chagrin a certainement abrégé les jours d'un homme aussi humain ; il n'a pu soutenir tant de spectacles horribles, entendre tant d'affreux récits. Que la consolation tirée d'un avenir plus effrayant est cruelle ! et je sens quelle est fondée. Quel temps que celui où la douleur d'une séparation éternelle peut encore être aggravée ! celle que j'éprouve trouve mon ame déjà affaiblie, et me rend comme stupide. Si j'avais le courage de me soulever dans cet état d'abattement, j'irais vous joindre, mon respectable ami, et je ne désespère pas d'en trouver la force. Je n'ai pas eu celle de lire les maximes, et je n'y comprendrais rien dans l'état où je suis. Adieu, mon ami, mon père: tant que vous vivrez, je pourrai encore prononcer ce nom.

LETTRE CXXVI.

—

LE PRÉSIDENT DE LONGUEIL
A LA
DUCHESSE DE MONTJUSTIN.

Vous devez être instruite, madame la Duchesse, de la triste nouvelle que j'ai été chargé d'annoncer à un homme que nous aimons tous deux avec une égale tendresse, il ne paraissait pas poſſible qu'il y eût rien à ajouter au déplorable événement dont je lui ai fait part, mais la barbarie du dix - huitième ſiècle et du peuple le plus féroce, n'a point de terme où elle s'arrête. Le malheureux comte de St. ALBAN voyait avec plaiſir les progrès d'une maladie qui allait le dérober à la cruauté révolutionnaire; mais la nature l'avait en vain condamné, la Convention lui a envié ſa mort; que vous dirai-je? il a été amené à Paris et jugé ſans qu'il ait pu entendre ſon arrêt, vainement prononcé à un homme expirant. LUCAIN voulant peindre le dernier excès de la barbarie, dit en parlant d'enfans innocens immolés au berceau, *ſed ſatis eſt potuiſſe mori*; c'eſt aſſez d'avoir une vie à perdre. La Convention l'emporte, elle ſupplicie ceux qui ſont ſans vie. Le Comte a été traîné ſans connaiſſance à l'échafaud, et avait ceffé de vivre avant que la hache l'ait atteint. Je friffonne d'horreur à ce récit, et je l'épargnerais à votre fenfibilité, s'il n'était intéreffant d'en dérober les affreufes circonftances au fils du malheureux Comte. Tâchez donc, madame la Ducheffe, d'éloigner de lui les papiers publics, afin qu'il ignore, s'il eft poffible, la déplorable deftinée de fon père ; fa mère a été la victime des affreux fpectacles de la Révolution ; deux de fes proches parens ont été immolés à fes fureurs, et la mort affreufe de fon père ajoutée à tant de défaftres, fait de notre jeune ami un des hommes les plus infortunés. Je n'ajouterai rien au trifte récit que contient cette lettre, car mon esprit éprouve un affreux bouleverfement d'idées. Adieu, ma chère et unique amie ; combien il me tarde de vous

joindre pour ne jamais vous quitter!
La goutte me retient toujours dans
mon lit, mais l'accès est fur fa fin, et
j'espère en être délivré d'ici à quelques
jours; ce ne fera jamais affez tôt.

LETTRE CXXVII.

—

LA DUCHESSE DE MONTJUSTIN
AU
PRÉSIDENT DE LONGUEIL.

Le coup était porté, mon cher Préfident, au moment de l'arrivée de votre
dernière lettre, le Marquis avait été
le matin au cabinet littéraire de
Francfort, et là il avait lû les détails
affreux des derniers momens de fon

père; il est revenu chez moi comme
égaré, et pouvant à peine parler; j'ai
envain essayé de calmer son désespoir,
en lui représentant que la mort lui
avait dérobé le spectacle des horreurs
que la barbarie avait exercées sur un
être inanimé; mais cette circonstance
semble au contraire ajouter à sa douleur, par l'idée que sa mort même
n'a pu sauver son père de la rage révolutionnaire. Je vous avoue que
j'éprouve aussi le même effet; on est
habitué à un certain respect pour les
morts, et les indignités qu'on exerce
sur leurs restes inanimés, nous in-
spirent une horreur extrême. J'ai voulu
engager notre malheureux ami à rester
avec moi, et à habiter pendant quelques jours une petite chambre de mon
humble demeure; il a voulu partir absolument, pour retourner à son hermitage; mais je ne souffrirai pas qu'il

reſte ſeul abandonné à ſa douleur, et je me rendrai demain auprès de lui. La cruauté ſemble chaque jour prendre en France de nouvelles forces, il n'eſt point de villes qui n'ait l'abominable ambition d'imiter les fureurs de la Capitale. Je tremble pour ma grand'mère qui eſt demeurée à Paris; vous connaiſſez mon reſpect pour elle, et mon tendre attachement; ſes quatre-vingts ans ne ſeront pas un motif d'indulgence pour les tigres de la France. La mort du comte de St. ALBAN renouvelle et augmente toutes mes terreurs pour elle, ainſi que pour quelques autres perſonnes qui me ſont chères. Adieu, mon cher Préſident, je vous donnerai des nouvelles de notre ami, que je quitterai le moins qu'il me ſera poſſible: vous connaiſſez les ſentimens d'eſtime et le tendre attachement que je vous ai voués pour jamais.

LETTRE CXXVIII.

—

LA DUCHESSE DE MONTJUSTIN

A LA

CESSE DE LOEWENSTEIN.

Vous défirez, madame la Comteffe, que je vous donne des nouvelles de mon malheureux coufin, il eft d'un abattement extrême, et fans ceffe fon esprit eft affiégé des plus finiftres idées. J'ai beau vouloir ne pas le quitter, il s'échappe et s'enfonce dans la forêt, d'où il ne revient que bien tard, et les plus noirs preffentimens s'emparent de moi, lorsque fon abfence fe prolonge. Monfieur le Commandeur est venu le voir deux fois, et mon cousin a paru très-sensible aux marques sincères de son amitié. Monsieur le Commandeur lui a proposé d'aller passer quelques jours à Loewenstein, et la crainte de le désobliger a empêché le Marquis de le refuser, mais il aura de la peine à se déterminer: il me répète sans cesse que l'aspect de la douleur ne peut qu'être importun. Madame la Baronne de * * * est venue aussi nous voir, et a fortement pressé le Marquis de venir passer quelques jours chez elle; il y a toujours assez de monde, et c'est une raison de plus pour me faire désirer qu'il céde à ses instances: il est bon je crois, quand on est dominé par un chagrin violent, de se trouver avec des personnes qu'on considère, et en la présence desquelles on est forcé de se contraindre un peu.

Le Marquis ne fe gêne pas avec moi ;
il m'interrompt et me quitte fans façon, il eft enfin comme s'il était
feul ; mais avec d'autres perfonnes il
s'efforcerait par politeffe d'écouter la
converfation, et finirait par y prendre
part ; enfin il n'aurait pas la liberté
de manger à la hâte, de quitter la
table, et de s'abandonner fi facilement à fes triftes réflexions. On ne
peut attaquer de front les fentimens
profonds, il faut ufer de rufe, et
opérer le plus naturellement poffible
des diftractions. Vous êtes heureufe,
madame la Comteffe, au milieu d'une
famille qui vous chérit, et je me reprocherais de noircir votre imagination
par cette trifte lettre, fi je ne favais
que la fenfibilité a befoin de s'exercer,
et préfère à une indifférence apathique
les objets même qui lui procurent de
douloureufes affections. Je continuerai

à vous donner des nouvelles du Marquis,
et ce fera toujours pour moi un grand
plaifir que de vous renouveler l'affu-
rance de mon très-tendre attachement.

LETTRE CXXIX.

LA Cesse DE LOEWENSTEIN
A LA
DUCHESSE DE MONTJUSTIN.

Mon oncle eft retenu par la goutte
dans fon lit, et vous devez, madame
la Ducheffe, penfer que fans cet accident, il aurait été voir le Marquis.
Un peu avant l'arrivée de votre lettre,
il nous en parlait avec attendriffement
et fe reprochait de ne lui avoir pas

fait plus d'instances pour l'amener ici ; mais ma nièce, a-t-il dit, si vous lui écriviez de venir, il ne refuserait pas l'invitation d'une belle dame. Je n'ai rien répondu ; il a ensuite fait venir du papier, des plumes et m'a dicté la lettre que je joins ici, je ne sais si elle déterminera votre cher cousin à venir, mais j'espère, madame la Duchesse, que vous voudrez bien l'accompagner, et nous aider si ce n'est à le consoler au moins à le distraire.

LETTRE CXXX.

—

LA CESSE DE LOEWENSTEIN
AU
MARQUIS DE ST. ALBAN.

Je croyais, monsieur le Marquis, que vous étiez homme de parole; vous avez promis à mon oncle de venir nous voir, et vous ne doutez pas du plaisir que vous auriez fait à tout ce qui habite Lœwenstein. Mon oncle est très-fâché contre vous; il me charge de vous dire qu'il est malade, et qu'il vous attend pour lui tenir compagnie, qu'on s'ennuie quelquefois en famille, et jamais avec ses amis. Vous n'en avez jamais eu de meilleur que mon oncle; il vous plaint, mais il dit, qu'il ne faut pas fe refufer aux confolations de l'amitié, duffent-elles être inutiles. Venez donc, monfieur le Marquis, nous vous défirons tous, et nous par-tageons votre douleur.

Après avoir écrit fous la dictée de mon oncle, j'ajoute pour moi, que j'ai l'honneur d'être avec un bien fincère attachement, votre très-humble, et très-obéiffante fervante

La C^{effe}

de Lœwenftein.

LETTRE CXXXI.

—

La Cesse de Loewenstein.

A

Melle Emilie de Wergentheim.

Mon oncle m'a fait écrire au Marquis sous sa dictée, pour l'engager à
venir ici ; n'admirez-vous pas, ma chère
amie, comme mes parens conspirent en
quelque sorte pour lui, et, le dirai-je,
contre moi ; j'ai beau faire, ils dé-
jouent tous mes plans, contrarient
mes plus sages résolutions : en vérité,
je suis tentée de croire au fatalisme, et
de m'abandonner à ma destinée. Le
Marquis malgré sa douleur ayant cédé

aux instances du Commandeur, est arrivé ici avec la Duchesse. Il est changé comme s'il avait été six semaines malade, son abattement est extrême ; cependant il fait effort pour prendre part à la conversation, et cette contrainte, qui l'empêche de se livrer à ses regrets, lui est salutaire. Sa situation me touche infiniment, j'éprouve moi-même une sorte de terreur, en me trouvant près d'un homme dont le père a eu une fin si affreuse ; sa vue semble me rapprocher de l'événement, et malgré moi mon imagination m'en retrace les horribles circonstances. La Duchesse est occupée de lui, et emploie une extrême adresse pour ne pas favoriser, ni trop contrarier ses mélancoliques dispositions ; elle évite de prendre le rôle de consolatrice, semble souvent ne pas faire attention à lui, et ne le perd jamais

de vue ; enfin elle a tous les ménage-
mens que peut dicter un grand intérêt, joint à une délicatesse exquise
de sentimens, et une grande connaissance du cœur humain. Sa douleur,
m'a - t - elle dit, ne peut être au fond
très-forte, parce qu'il a peu vécu avec
son père ; sa perte n'est donc pas pour
lui une grande privation, et ses regrets
tiennent à des idées de devoir et à la
reconnaissance ; c'est le genre de mort,
ce sont ses détails affreux qui ravagent
son imagination et aliènent presque
son esprit. S'il n'en parle pas, dit-
elle, s'il s'efforce d'écouter des discours
indifférens, s'il n'entend pas parler
des affaires de France, les sombres
idées qui le dominent s'affaibliront.
La douleur qui naît d'un profond sentiment est bien plus difficile à calmer.
C'est son esprit qui est malade bien
plus que son cœur. Ces raisonnemens

me paraiſſent convaincans, et me font
eſpérer que le Marquis ne ſera pas
long - temps dans une auſſi triſte ſituation. Il montre une extrême ſenſibilité pour les plus légers témoignages
d'intérêt que je lui donne. L'abattement de ſon ame ſe montre dans les
plus petites choſes, ſi je le regarde
avec intérêt, les larmes lui viennent
aux yeux, et hier, s'étant empreſſé
de ramaſſer mon gant, il m'a pris la
main en me le rendant, et la ſienne
tremblait. Venez nous voir, ma
chère Emilie, venez contribuer à la
guériſon d'un malade qui vous eſt fort
attaché; vous avez conjuré contre lui
par amitié pour moi, hélas! le malheureux n'eſt pas à craindre à préſent. Adieu, ma tendre amie, mon
unique amie.

P. S. Je vous renvoie la lettre
du cher Baron; je le conçois bien en

vérité, lorsqu'il dit, qu'il craint de devenir poltron par l'attachement qu'il a pour une vie que vous devez embellir.

LETTRE CXXXII.

—

Mlle EMILIE DE WERGENTHEIM

A LA

C^{esse} DE LOEWENSTEIN.

La Duchesse doit être à présent auprès de vous, ma chère Victorine, et vous sera au moins aussi utile que moi, pour dissiper ou consoler le Marquis; mais vous n'avez besoin de personne, le seul plaisir de vous voir suspend sa douleur, et écarte de son esprit toute idée affligeante ; il me parlait il y a deux jours d'*Esther*, en me citant avec enthousiasme ces deux vers de cette pièce :

„*Du chagrin le plus noir, elle éclaircit les ombres*
„*Et fait des jours sereins de mes jours les plus sombres.*

Il vous regardait en les récitant d'une manière touchante, et il était aisé de voir avec quel plaisir il vous en faisait l'application ; tant qu'il sera dans la triste situation d'esprit où l'a mis son dernier malheur, il n'aura rien d'embarrassant pour vous, ma chère Victorine ; mais votre présence en chassant un mal en aggravera un autre, dont il sentira plus vivement un jour les atteintes ; et la sienne sera-t-elle sans inconvénient pour vous ? Cette habitude de voir un homme

aimable que poursuit le malheur, l'in_
térêt qu'il excite, et dont on vous force
en quelque forte de multiplier les té_
moignages, fourniffent à la fenfibilité
de ma chère Victorine des alimens
dangereux pour fon repos. Ce n'eft
pas votre faute, qu'eft-il poffible de
faire que vous n'ayez tenté? Toutes
les femmes doivent réciter avec bien
de la ferveur cet article du pater: *ne
nous induifez pas en tentation.*

Ecrivez-moi, ma chère amie, tout
ce que vous éprouvez. Je vous em_
braffe mille et mille fois de tout mon
coeur.

P. S. Dites-moi donc fi le Préfident
arrive; je vois le fort de la Ducheffe
affuré; dites-lui mille chofes tendres
pour moi.

LETTRE CXXXIII.

—

LA CESSE DE LOEWENSTEIN,

A

MELLE EMILIE

Vos inquiétudes, ma chère amie, me touchent bien vivement, et j'y reconnais la tendresse de votre cœur. Si c'est un crime de prendre le plus vif intérêt à un homme malheureux, que d'estimables qualités distinguent si avantageusement, je suis en vérité bien coupable; j'avouerai aussi que je suis malheureuse par la comparaison que je fais de lui, avec les autres hommes, comparaison qui me fait un

H 4

befoin de fa fociété. Il en eft de même de la vôtre, elle m'a depuis long-temps dégoûtée de celle de la plupart des femmes que je vois. Le goût et l'intérêt ne peuvent-ils donc exifter dans la liaifon d'un homme et d'une femme, fans qu'il y ait de paffion? Vos craintes, me direz-vous, en montrent peut-être la difficulté; mais eft-ce de moi dont je me défie, ou de la malignité du monde et de fes jugemens? J'interroge mon cœur, et je le trouve pur; cela me fuffit. Cependant, pour le repos du Marquis, pour le mien que trouble le fpectacle d'un homme que la paffion égare et rend malheureux, j'éloignerai, autant qu'il me fera poffible, les occa-sions de le revoir; je m'interdirai le plaifir de m'entretenir avec lui, pour ne pas trouver mes anciennes fociétés de plus en plus infipides. Je n'ai point à me plaindre de ſes empreſſemens depuis qu'il eſt ici ; il m'embarraſſe ſeulement quelquefois, par l'attendriſſement que lui fait éprouver l'intérêt que je prends à ſa ſituation ; je ne puis me diſſimuler que j'ai contribué à l'adoucir, et la ſatisfaction que j'en reſſens me fait paſſer ſur le danger de l'empire que j'exerce. La Ducheſſe eſt partie avant-hier, et le Marquis retourne demain dans ſon hermitage ; il reviendra ici pour le jour de naiſſance de ma mère, le monde qui s'y trouvera et la petite fête que j'ai imaginée feront pendant ſon court ſéjour ici, diverſion à ſes affections de tout genre. Adieu, mon Emilie, j'eſpère bien que vous vous ferez belle pour ma fête. Le Marquis ne vous a pas encore vue dans tous vos atours. Adieu, je vous embraſſe de tout mon cœur.

LETTRE CXXXIV.

—

LA CESSE DE LOEWENSTEIN
À
MELLE EMILIE DE WERGENTHEIM.

Il ne faut pas se familiariser avec le danger, ma chère amie, je ne l'éprouve que trop. Je m'applaudissais du calme qui avait accompagné le séjour du Marquis, et peu de momens après, votre Victorine s'est trouvée dans un grand embarras, dont le souvenir la trouble encore. Hier, un instant après le départ de la lettre que je vous ai écrite, mon oncle s'est mis à la fenêtre pour voir un cheval qu'on dit très-méchant, et que son piqueur n'a pu dompter;

le Marquis étant descendu dans la cour, pour le mieux examiner, a voulu essayer de le monter ; à peine a-t-il été dessus, que le cheval s'est cabré d'une manière effrayante pour les spectateurs, et quelques momens après, il s'est renversé sur le Marquis ; j'ai fait un grand cri et je me suis évanouie. Revenue à moi, j'ai vu le Marquis qui me faisait respirer un flacon de sel d'Angleterre ; toute ma famille m'entourait, vous pouvez imaginer les idées qui se sont présentées à mon esprit : j'ai été au moment de me trouver mal une seconde fois, en remarquant les regards d'observation et d'inquiétude que mon mari portait sur moi, ainsi que sur le Marquis ; j'ai balbutié quelques phrases sur l'imprudence de monter, étant encore faible, un cheval pareil ; ma mère a dit qu'elle avait aussi pensé se trouver mal. J'ai quitté auſſitôt le ſallon pour monter chez moi, où je me ſuis déſeſpérée de mon accident, qui aura donné lieu à mon mari de faire des réflexions déſavantageuſes pour moi ; je me ſuis trouvée honteuſe de mon embarras ; hélas ! me ſuis-je dit, combien ne doivent pas être humiliées les femmes que leur paſſion ſurmonte et réduit à feindre, à tromper et à mentir. Le Marquis eſt parti le matin, et il ſemble que mon mari ſoit, comme on dit, plus libre dans ſa taille.

Adieu, ma chère amie, je vais m'occuper de ma petite fête, mais j'ai bien peu de diſpoſition à la gaieté ; j'embraſſe bien tendrement ma charmante Emilie.

LETTRE CXXXV.

—

LA CESSE DE LOEWENSTEIN

A

MELLE EMILIE DE WERGENTHEIM.

Nous allons tous dîner chez le Commandeur, je n'ai qu'un moment pour vous écrire et vous mander une très-grande nouvelle qui me fait un extrême plaisir. Il s'est passé, ma chère amie, un événement bien important depuis que je vous ai écrit. Le Président est arrivé à Francfort le jour même que la Duchesse est partie d'ici, et le surlendemain il n'y avait plus de duchesse de MONTJUSTIN, mais une comtesse de LONGUEIL. Le Président n'avait pas la goutte, ainsi rayez cet article qui vous paraissait peu convenable pour un roman, il a eu une fluxion de poitrine qu'il a cachée à la Duchesse pour ne pas l'alarmer. Notre amie est établie dans une jolie petite maison à Francfort ; son sort est uni à celui d'un homme qu'elle chérit depuis long-temps, et qui a l'estime publique : elle est heureuse et je partage sa félicité, Nous verrons dans deux jours les nouveaux époux, je suis sûre que vous embrasserez la Comtesse de bon cœur. Adieu, ma tendre amie.

LETTRE CXXXVI.

—

LE MARQUIS DE ST. ALBAN
A LA
COMTESSE DE LONGUEIL.

Je comptais partir après dîner, ma cousine, pour aller passer deux jours chez la Comtesse ; mais au moment de me mettre à table, j'ai vu arriver un postillon tout en nage, qui m'a remis le billet que je joins ici. La mort d'un homme aussi gros, et qui faisait aussi peu d'exercice, n'a rien d'extraordinaire ; mais on est toujours frappé des morts subites. La pauvre Comtesse aura eu sous les yeux un triste spectacle, et la bonté extrême de fon cœur fera en elle ce que l'affection produit dans les autres. Elle fera touchée, et ingénieuse à fe tourmenter; elle fe rappellera tout ce que fon mari avait de bonnes qualités, les exagèrera, diminuera fes défauts, tant il lui eft néceffaire d'exercer fa fenfibilité; tant il eft difficile à cette ame célefte de fe laiffer furprendre par le fentiment de fon propre intérêt, lorfqu'il eft oppofé à celui des autres. La voilà donc veuve, libre; j'ignore fi fa fortune en fouffrira, et ce n'eft pas là ce qui l'occupe en ce moment. Je ne fonge à cet objet qu'à caufe de la dépendance où pourrait la mettre une grande diminution dans fon revenu. Voyez, ma coufine, fi vous ne pourriez pas être utile à la Comteffe dans ce moment pour diffiper un peu, je ne dis pas le chagrin, mais la trifteffe

inséparable de pareilles circonstances.
Ah! que ces circonstances. ma chère
cousine, feraient former de vœux,
exciteraient de flatteuses espérances
dans un pays où existeraient des
hommes en état de sentir le mérite
de la Comtesse, et d'être touchés de
l'heureux accord des charmes les plus
séduisans et des plus grandes qualités. Adieu, ma cousine, il suffit de
vous avertir pour que vous fassiez ce
qu'il y a de mieux : je m'en rapporte
donc entièrement à vous.

LETTRE CXXXVII.

LE BARON DE WARBERG
AU
MARQUIS DE ST. ALBAN.

Monsieur le Marquis,

J'apprends que votre projet est de venir ce soir ici, et je m'empresse de vous éviter un affreux spectacle. Le pauvre comte de LOEWENSTEIN, après avoir déjeuné ce matin avec nous, sans aucune apparence d'incommodité, nous a quittés pour aller chez lui ; mais à peine a-t-il eu fait quelques pas que nous l'avons vu tomber auprès de la porte du sallon ; nous sommes accourus, il était déjà expiré. Il n'a

pas fait un mouvement, donné un figne
de vie, quelques moyens qu'on ait
employés pour le ranimer. C'eft un
coup de fang, qui aura vraifemblable-
ment fait périr cet honnête gentilhomme. Vous jugez, monfieur le Marquis, de la défolation de tout le château. La mère de la Comteffe dont
vous connaiffez l'excellent cœur, m'a
chargé de vous écrire pour vous prévenir de l'affreux accident qui ne lui
permettra pas de vous recevoir. J'ai
l'honneur d'être avec la plus haute
confidération,

Monfieur le Marquis,

Votre très - humble et très-
obéiffant ferviteur,

le Baron de Warberg.

LETTRE CXXXVIII.

LA COMTESSE DE LONGUEIL

A

MELLE EMILIE DE WERGENTHEIM.

J'ai écrit, Mademoiselle, ainsi que mon cousin, à madame de LOEWENSTEIN, pour lui faire mon compliment de condoléance sur la perte qu'elle vient de faire; elle doit être importunée des visites de cérémonie, et j'attendrai que le cours en soit fini, pour tenter de la voir. Ce n'est pas un compliment banal que j'ai à lui faire, et par cette raison je n'ai pas voulu être confondue avec les indifférens.

Mon tendre attachement pour notre intéreffante amie, fait que je me mets à fa place, et que je fens comme elle; il en eft de même de vous, Mademoifelle, et je crois que fans nous parler, nous favons ce que nous penfons, dans une circonftance plus trifte qu'affligeante. Je ne crois pas qu'il y ait d'inconvénient à ce que mon coufin m'accompagne; cependant je vous laiffe maîtreffe de décider de fon voyage. Il eft inutile que je vous dife combien il défire de voir la Comteffe, et toute la part qu'il prend à la perte qu'elle fait. Le comte de LONGUEIL eft bien fâché de ce que les circonftances actuelles ne lui permettent pas de rendre fes hommages à notre amie; il attend impatiemment le moment de lui être préfenté. Ce ne fera pas pour lui une nouvelle connaiffance, ni pour elle, ni pour vous,

Mademoiſelle. Tout ce que nous lui avons dit des habitans de Lœwenſtein et de vous ; tout ce que nous vous avons dit du Préſident, fait qu'il ſera établi dans votre ſociété, une heure après y avoir été préſenté, comme s'il y était depuis long - temps admis. C'eſt ainſi que l'amitié embraſſant tous les rapports des gens qu'on aime, étend ſon cercle par des adoptions qui lui donnent de nouveaux alimens.

Mais, je m'arrête, Mademoiſelle, car on ne peut rien apprendre en amitié, à l'amie de la comteſſe de LOEWENSTEIN. Je ſuis obligée de vous quitter pour une malheureuſe Emigrée qui a beſoin de moi. Adieu, Mademoiſelle, je vous renouvelle avec un plaiſir extrême, l'aſſurance de la tendre amitié que je vous ai conſacrée pour ma vie.

Permettez qu'en faveur de l'ancienne connaissance, le comte de Longueil vous offre l'hommage de son profond respect.

LETTRE CXXXIX.

—

La Comtesse de Longueil
a
Melle Emilie de Wergentheim.

Je reçois votre aimable lettre, Mademoiselle, et je suis désespérée de ne pouvoir profiter de l'invitation du Commandeur ; une fièvre de rhume, qui m'a prise hier au soir, me retient dans mon lit, et m'empêche de vous écrire moi-même ; mon cousin,

plus heureux que moi, se rendra demain chez monsieur le Commandeur.
Adieu, Mademoiselle, conservez-moi
vos bontés, agréez mon tendre attachement, et daignez faire part au Commandeur et à la Comtesse de mes re-
mercîmens, de mes regrets et de mon
impatience de les voir.

LETTRE CLX.

LE MARQUIS DE ST. ALBAN
A LA
COMTESSE DE LONGUEIL.

La Comtesse et toute la famille sont au château du Commandeur, depuis le triste événement dont je vous ai fait part, et je m'y suis rendu hier, d'après les vives instances que m'en a fait le maître du château. Mademoiselle EMILIE est auprès de son amie. On ne peut pas dire qu'il règne une grande douleur dans la maison; on y est plutôt sérieux que triste. Le Comte n'était ni aimé ni haï, et personne ne perd rien à sa mort; il ne mettait dans la société ni agrément ni gêne;

Tome IV.　　　　　　　K

lorsqu'il s'abſentait, il ne faiſait éprouver aucun vide, et ſa mort ne ſerait regardée que comme une longue abſence, ſi ſes circonſtances ne lui avaient donné un caráctère tragique. Le Commandeur, qui n'a-vait pas beaucoup d'eſpoir de voir ſon nom ſe perpétuer par lui, eſt peu af-fligé. La mère de la Comteſſe n'avait à lui reprocher aucun mauvais procédé envers ſa fille, mais il tenait la place d'un homme qui aurait pu embellir la vie d'une fille ſi chère; la mère la plus tendre voyait ſans doute avec regret qu'elle devait borner ſa ſatis-faction à ne pas voir malheureuſe, une perſonne dont elle aurait acheté de ſa vie la félicité. La Comteſſe ſans rien affecter, paraît véritablement af-fligée, et le ſpectacle d'une mort ſubite a rempli ſon eſprit d'étonnement et d'effroi. Le devoir a ſur ſon ame un empire qui lui fait illusion ; enfin cette intimité que donne le mariage, l'habitude, la bonté de son cœur lui rendent sensible, dans les premiers mo-mens, la perte d'un homme qu'elle ne pouvait aimer. Il est des événemens, des circonstances qui nous font prendre, à nous et aux autres, le change sur ce que nous éprouvons; nous croyons être affligés de la mort d'une per-sonne, quand c'est la mort seule qui fait impression sur nous, et les specta-teurs prennent notre émotion et notre étonnement pour de la douleur. Je ne suis pas accoutumé à réfléchir sur les sentimens et à les analyser, mais j'aime à me rendre compte de tout ce qui me frappe dans la Comtesse, et quand je la quitte, ses actions, ses gestes, ses plus légers mouvemens se retracent à mon esprit; j'en cherche le principe, et le résultat m'offre toujours de nou-veaux motifs de l'admirer.

K 2

LETTRE CXLI.

LE MARQUIS DE ST. ALBAN
A LA
COMTESSE DE LONGUEIL.

On ne parle dans le château de Loe-
wenſtein, ma chère couſine, que de
l'arrivée du prince de * * * qui doit
venir paſſer ici deux jours. Tout eſt
en l'air, à la cuiſine, à l'office, et l'on
s'empreſſe de meubler un bel appartement; au milieu de tout ce mouvement le Commandeur fait ſemblant de
n'être pas flatté autant qu'il l'eſt ré-
ellement de recevoir un auſſi grand
ſeigneur. Eh! mon dieu, dit-il à

fa fœur, ne femble - t - il pas que vous
n'ayez jamais vu de prince, pourquoi
tout ce tracas ? Donnez - lui un bon
dîner comme vous avez coutume, et
un appartement honnête comme il y
en a plufieurs dans ce château, c'eft
tout ce qu'il faut; à voir votre oc-
cupation, il femblerait qu'il faut
lui donner un fpectacle et un feu
d'artifice. Il affecte de parler ainfi
devant moi, mais je le furprends occupé de donner des ordres tout comme
fa belle - fœur. Je m'étends fur
cette arrivée parce qu'un gentilhomme du voifinage, qui eft venu dîner
ici, m'a dit, que le bruit courait que
le Prince était amoureux de la Comteffe, et avait le projet de l'époufer.
La famille ferait certainement flattée
d'une telle alliance, mais je ferais
furpris que la Comteffe fît de nouveau
le facrifice de fa liberté par aucun

motif de convenance. Elle m'a dit
bien souvent avant la mort de son mari,
qu'une fille devait se résigner à la volonté de ses parens, à moins de quelque
répugnance invincible et bien fondée,
mais qu'on ne devait qu'une fois cette
soumission, et qu'une veuve pouvait bien
en se remariant ne suivre que son propre
goût ; cependant de si grands avantages se trouvent dans l'alliance dont il
s'agit ! un rang qui la met au - dessus
de la plus haute noblesse, des richesses
immenses, des terres superbes, des
moyens de placer ses parens à l'armée,
ou dans d'autres emplois, tout cela
peut faire une exception à des principes généraux. Si je n'étais pas un
malheureux Emigré, je hasarderais de
la disputer à tous les Princes du
monde, et je vous avoue que ce ne
serait pas sans quelque espoir. La
Comtesse me marque en toute occasion

une amitié qui ferait le bonheur d'un frère; souvent même elle montre en me voyant, en m'écoutant, un trouble que ne connaît pas l'amitié; mais ce prince m'inquiète, je deviens Démocrate en ce moment, je déteste les princes et suis partisan de l'égalité: c'est après-demain qu'il vient, je vous écrirai la réception. Adieu, ma chère cousine, que j'aime et aimerai toute ma vie bien tendrement.

LETTRE CXLII.

LA COMTESSE DE LONGUEIL
AU
MARQUIS DE ST. ALBAN.

Je profite d'une occafion, mon coufin, pour vous répondre fur le champ, et je fuis tentée de vous dire, que vous êtes bien *nigaud* de ne pas trouver le moyen de pénétrer les difpofitions de la Comteffe, fur fon prétendu mariage avec le Prince; perfonne n'eft moins capable de diffimulation, et tout fe peint malgré elle au moment fur fa charmante figure, il eft donc aifé d'y lire, et comment ne profitez-vous pas dans cette occafion, de cette

facilité ? Dispofée à accepter les propofitions du Prince, ou déterminée à
les rejeter, dans le premier cas, il eft
impoffible que quelque fymptôme de
fatisfaction n'éclate fur fon vifage,
lorfqu'il eft queftion de lui; dans la
feconde fuppofition, elle doit montrer
des mouvemens d'impatience et d'inquiétude. Suppofons qu'elle ne faffe
voir que de l'indifférence, alors il eft
clair qu'elle eft, non - feulement déterminée à refufer fes offres fédui-
santes, mais qu'elle eft affurée que
fes parens ne lui feront aucune in-
ftance ; car l'idée d'avoir à combattre
leurs fentimens, lui cauferait un chagrin facile à démêler ; examinez donc
bien la Comteffe, et vous faurez, et
fes intentions et celles de fes parens ;
pour moi je ne doute pas qu'ils ne la
laiffent abfolument maîtreffe de refufer le Prince, et je ferais bien tentée

de croire, qu'ils lui laisseront encore
une plus grande liberté, celle d'é-
pouser un homme qui serait de son
goût, un Emigré même, s'il avait su
leur plaire et s'en faire estimer. C'est
assez vous en dire, et voilà je crois,
mon cousin, de toutes mes lettres celle
qui vous aura fait le plus de plaisir.
Adieu, mandez-moi la réception du
Prince, et comptez à jamais sur la tendre amitié de votre cousine.

LETTRE CXLIII.

—

LE MARQUIS DE ST. ALBAN
A LA
COMTESSE DE LONGUEIL.

Il faut convenir, ma chère coufine, que les femmes l'emportent infiniment fur les hommes, pour la pénétration; les moyens que vous m'indiquez pour favoir les difpofitions de la Comteffe, m'ont paru infaillibles, et j'en ai fait ufage; mais il faut avant de vous en inftruire, vous parler du Prince. Il eft arrivé hier, une heure avant dîner, accompagné de deux gentils-hommes et ayant à fa fuite beaucoup de chevaux et de valets. Le Commandeur était dans sa grande tenue, ainsi que le comte de LOEWENSTEIN; et la Comtesse était mise fort élégamment pour plaire à son oncle; une douzaine de gentilshommes des environs, ou de Mayence, s'était rendue à Loewenstein, pour faire leur cour au Prince et chasser avec lui; ils ont été le recevoir avec le Commandeur au sortir de sa voiture, et sont entrés avec lui; la Comtesse s'était avancée avec sa mère dans l'antichambre, et je les avais suivies: grands complimens du Commandeur, réception polie et gracieuse de la part des femmes, de la part du Prince révérences sur révérences. Le Commandeur m'a présenté à lui, et suivant l'usage, le Prince m'a dit être fort aise de faire ma connaissance. Bientôt après on a parlé de chasse, et le Prince a demandé à la

Comtesse si elle y allait quelquefois ;
sur la réponse qu'elle lui a faite, il
s'est empressé de l'inviter à venir chez
lui, et l'a assurée qu'il avait des chevaux très-sûrs à lui offrir. On a
averti pour dîner, il s'est placé entre
les deux dames, et moi, je me suis mis
à côté de la Comtesse. J'aurais dû vous
parler de la figure du Prince, et cela
ne sera pas long : vous avez vu mille
enseignes au prince de * * *, au
Landgrave, à l'électeur de * * * ; eh
bien ! vous avez vu le Prince, c'est-à-
dire un homme gros, blond et sans
physionomie ; ses terres, ses chevaux,
ses forêts font pour lui un fond inépuisable de conversation, et tout cela
est mêlé de grands complimens aux
dames, parce qu'il est persuadé qu'il
faut qu'un prince soit galant. Il s'est
fort occupé de la Comtesse, et avec
plus d'intention que ne le comporte.

la galanterie générale ; j'ai remarqué même quelque figne entre lui et un des gentilshommes qu'il avait amenés, et ces fignes femblaient dire : n'approuvez - vous pas mon deffein ? La Comteffe a répondu avec fimplicité à fes empreffemens, et n'a témoigné ni embarras ni plaifir. Le dîner a été long et les differtations fur la chaffe, des nouvelles de la guerre, les affaires de la France, et les louanges des vins du Commandeur ont fourni une ample matière à la converfation. Au fortir de table, le Prince s'eft arrêté dans un fallon rempli de portraits de famille, où l'on voit entre autres un LOEWENSTEIN grand chambellan de l'empire Romain fous CONRAD LE SALIQUE. Il a admiré l'antique illuftration de la maifon, s'eft auffi arrêté devant le portrait d'une princeffe de fon nom, mariée il y a quatre cents ans à un

Loewenstein, et a dit à ce sujet au Commandeur, qu'il n'ignorait pas que sa maison avait eu l'honneur de s'allier plusieurs fois avec la sienne, et que sa quatrième aïeule était Loewenstein; un instant après il a regardé très-significativement le gentilhomme auquel il avait fait des signes, et son regard voulait dire : vous voyez que l'alliance que je projette n'est pas sans exemple. Il m'a paru, à la manière dont la Comtesse était aussi regardée par plusieurs des personnes de la compagnie, que le bruit du mariage était déjà répandu. J'ai voulu m'en assurer, et j'ai dit à un jeune homme qui me paraît assez bien avec le Prince: „si ce que l'on dit est vrai, cela ne sera pas une chose nouvelle, quoique flatteuse pour la maison de Loewenstein. Le mariage, m'a-t-il répondu, il est vrai qu'on en parle, et je n'en serais pas furpris ; le Prince au retour de fes voyages a vu la Comteffe qui venait de fe marier, et en eft devenu amoureux autant qu'il peut l'être; mais il a vu bientôt qu'il foupirerait en vain pour elle, et la chaffe et le vin de Champagne ont paru achever fa guérifon ; depuis qu'elle eft veuve il en parle fans ceffe, et il ne pourrait rien faire de mieux que de l'époufer ; elle eft comteffe de l'Empire, alliée à plufieurs maifons fouveraines, et fa fortune fera plus confidérable que celle des perfonnes de fon rang ; auxquelles il eft en droit de prétendre. La Comteffe de fon côté ferait fort bien, elle trouverait dans cette alliance une grande élévation, et tous les plaifirs que peut procurer une immenfe fortune, enfin le Prince eft d'un très - bon caractère, et il la rendrait heureufe." Cet homme ne connaît pas, à ce que je vois, la

Comtesse, s'il croit que le Prince peut la rendre heureuse ; il n'a point l'idée des besoins de son cœur et de son esprit. Il juge le Prince, me direz-vous, sans le connaître, mais il montre si promptement ce qu'il n'est pas, que je me soucie peu de savoir ce qu'il est, et au rang, et à l'âge près, je ne le crois pas au-dessus du mari de la Comtesse. La soirée s'est passée à jouer et à prendre du thé ; le Prince a été fort occupé de la Comtesse, et ses gentilshommes se confondaient en révérences et en empressemens pour elle. On est allé se coucher. Le Prince doit partir demain pour la chasse, et ne reviendra que tard. Adieu, je vous ai fait part de tout ; jugez, ma cousine, et continuez à votre cousin vos conseils et vos bontés. Je vous écrirai après-demain.

LETTRE CXLIV.

LA CESSE DE LOEWENSTEIN
A
MELLE EMILIE DE WERGENTHEIM.

Je ne puis différer un instant, ma chère amie, de vous faire part de ce qui m'est arrivé ce matin. Mon oncle, après avoir déjeuné avec nous, c'est-à-dire avec mon père, ma mère et moi, m'a dit en tenant un verre de vin du Rhin à la main: ,,il faut que je boive à la fanté de fon Alteffe madame la princeffe de * * *.`` Nous avons gardé le filence. — ,,Eh bien! vous ne dites rien ma nièce? — Je

dis, mon oncle, que vous avez envie
de vous amufer. — Non, rien n'eft
plus férieux; un gentilhomme du
Prince, eft venu hier me faire part de
fon défir de s'allier avec moi, mais
j'ai répondu, que ma nièce était encore dans la douleur d'une perte bien
récente, et que je ne pouvais prendre
aucun engagement fans l'avoir con-
fultée; j'ai ajouté, qu'elle avait fait
notre volonté en fe mariant, et qu'il
était jufte que dorénavant elle difpofât
d'elle; enfin, j'ai fini par dire que je
ferais part à ma nièce dans quelque
temps, des propofitions qui m'étaient
faites, et dont toute ma famille ferait
infiniment flattée." Il s'eft arrêté
pour nous regarder, et enfuite atta-
chant fes yeux fur moi: ,, n'ai-je pas
bien répondu ma nièce? — Tout ce
que vous faites, mon cher oncle, eft
très-bien. — Voilà comme font les

princes, ils croient que les bienséances
ne font pas pour eux, et qu'on n'a
rien à leur refuser. Les Loewenstein ont épousé des princesses, et
ne font pas enthousiasmés d'alliances
qui leur font familières. Je trouve
que le Prince se preffe beaucoup. J'ai
voulu vous donner, a-t-il ajouté,
de la marge, et que ma chère nièce
eût le temps de réfléchir. Ce prince
nous est arrivé en vérité comme une
bombe. Réfléchiffez, mon enfant, fur
votre état préfent et à venir et fur
vos fentimens. C'eft beau d'être princeffe fouveraine, mais on peut être
heureufe fans être fi grande Dame.
Moi, par exemple, je préfèrerais une
femme que j'aimerais, à toutes les
grandeurs que pourrait m'offrir une
princeffe. Adieu, je vais me promener." Nous avons gardé pendant
quelque temps le filence, enfuite mon

père a dit: „cela mérite grande réflexion; le Prince est un parti tel qu'il est rare d'en trouver, et mon frère aurait pu montrer un peu plus d'empressement. Vous y songerez sans doute à deux fois, ma fille, avant de refuser une alliance aussi honorable, n'êtes - vous pas de mon avis Madame, en s'adressant à ma mère? Je pense comme le Commandeur, a-t-elle dit, et c'est à ma fille à en décider.“ Mon père semblait chercher à lire dans mes yeux. J'ai répondu que je ferais mes réflexions, et que j'étais charmée qu'on voulût bien me laisser maîtresse de mon fort. Adieu, ma chère Emilie, je vous embrasse de tout mon cœur, qui est bien agité.

LETTRE CXLV.

Le Marquis de St. Alban
a la
Comtesse de Longueil.

J'ai été un peu indispofé depuis deux jours, ma chère coufine, et la fièvre ne m'a pas permis de vous écrire; le Prince a dîné avec nous hier et eft enfuite parti; il eft évident qu'il a le projet d'époufer la Comteffe, et qu'il eft même fort aife qu'on devine fes intentions; il n'eft pas moins vifible qu'il ne met pas en doute qu'une auffi flatteufe propofition ne transporte de joie toute la famille. Je n'ai cependant point vu dans le Commandeur et la mère de la Comtesse, un empressement fait pour lui inspirer cette présomption ; il n'y avait pas dans leurs manières envers lui, une seule nuance distincte du respect, et je n'ai trouvé au Commandeur que plus de dignité. Je n'en dirai pas de même du comte de LOEWENSTEIN, il était transporté, et on lisait dans ses yeux, qu'il aurait mis son adorable fille aux pieds du Prince. La Comtesse avait dans ses politesses un degré de considération de plus qu'avec les autres personnes de la société, et montrait une réserve qui m'a paru être réfléchie et dictée par la connaissance des intentions du Prince, qu'elle ne voulait pas avoir l'air d'entendre et encore moins de seconder. J'ai osé quelquefois lever les yeux sur elle dans certains momens, et j'ai cru apercevoir dans les fiens une expreſſion de bienveillance propre à me raſſurer, à m'enhardir même : *que ſais - je?* ma couſine, telle eſt la deviſe de MONTAIGNE ; la Comteſſe paraît me diſtinguer, elle s'eſt aperçue dans un temps où elle n'était pas libre, de ſentimens que je m'efforçais en vain de contenir, et ſi quelquefois elle a eu de la colère contre moi, jamais elle n'a marqué de mépris ; je puis ſans préſomption me flatter d'être agréable à ſa famille, *que ſais-je* donc ? n'eſt - il pas poſſible qu'ils préfèrent une alliance qui leur procurerait une ſociété qui leur plaît ; que le Commandeur, le plus généreux des hommes, ne ſoit flatté de faire le bonheur de quelqu'un qui l'eſtime ? J'eſpère, oui j'eſpère, ma couſine, mais je contiendrai plus que jamais l'eſſor de mes ſentimens ; ſi la Comteſſe était ſans fortune, je ſerais plus hardi ; mais demander une femme qui doit avoir un jour quarante mille florins de rente, lorsqu’on eſt étranger dans un pays, et qu’à peine on a de quoi vivre . . . . . Cependant ſi la Comteſſe m’encourage par des bontés marquées, ſi le Commandeur refuſe le Prince, laiſſe ſa nièce libre, j’aurai un grand eſpoir, et je tenterai d’aſpirer au bonheur. Adieu, ma chère couſine.

LETTRE CXLVI.

Melle Emilie
A LA
Cesse de Loewenstein.

J'ai été bien fâchée de vous quitter, ma chère Victorine, et vous n'en doutez pas; l'incommodité de mon oncle, pour laquelle on m'a fait revenir, n'en valait pas la peine ; mais il semble que les parens se plaisent à marquer leur importance par le mépris des goûts et des arrangemens de ceux qui dépendent d'eux ! Le plus léger accès de fièvre d'un oncle exige suivant eux,

que toutes les nièces et neveux ac-
courent auprès de lui, et les amitiés
les plus tendres ne font rien à leurs
yeux, comparées aux fentimens qui
leur font dûs. Je vous avoue, ma
chère Victorine, au hafard de vous
déplaire, qu'autant je fuis empreffée
de rendre des devoirs à mes parens
dans les circonftances qui en valent
là peine, autant je fuis révoltée de
l'exigence de la plupart. Je n'oublierai
jamais que mon oncle ayant été l'an
paffé un peu enrhumé, il me fut dé-
fendu d'aller à un bal charmant où
vous étiez ; ma mère en était auffi fâchée que moi ; elle n'a pas cette façon
de penfer, et fouvent je l'ai vu fouffrir et cacher des maux affez graves,
dans la crainte de porter obftacle aux
plaifirs de fa fille.

Je me laiffe aller à l'humeur contre
les parens, parce que j'ai été bien

contrariée de vous quitter ; mais si je leur reproche d'abuser de leur autorité, je vous reproche, ma chère amie, de multiplier et d'exagérer vos devoirs : c'est un goût qui n'est pas commun, j'en respecte les principes et cela ne m'empêchera pas d'en combattre les effets, parce que votre repos y est intéressé. Vous avez perdu un mari qui vous était indifférent, et dont plusieurs fois vous avez eu à vous plaindre ; une autre que vous, ma chère amie, se contenterait de montrer un visage triste, et de porter un deuil extérieur, se bornerait enfin aux bienséances ; mais vous avez vu des veuves très-affligées, parce qu'elles avaient perdu un époux chéri, et comme vous avez lu dans votre catéchisme qu'une femme devait aimer son mari, vous vous efforcez sans hypocrisie d'avoir du chagrin, vous vous faites scrupule de n'être pas pénétrée d'une assez profonde douleur, enfin vous vous rendez malheureuse par celle que vous avez et que vous outrez, et par celle que vous n'avez pas. Monsieur de Loewenstein, ma chère amie, a payé un tribut, que la plupart des hommes payent bien plutôt; il n'y a donc pas de grandes lamentations à faire sur son sort; vous ne perdez rien, car votre cœur ne sentait rien pour lui, voilà l'exacte vérité que vous me forcez de vous exposer: vous êtes quelquefois tentée de vous reprocher d'avoir excité sa jalousie; il a pu avoir de l'envie contre une certaine personne que la nature a bien mieux partagée; mais de la jalousie contre sa femme, tant pis pour lui, car on n'a jamais été plus sévère pour soi et plus circonspecte qu'elle dans sa conduite. Admirez au reste, ma chère

amie, ma discrétion ; je ne vous ai pas
parlé de cette *personne*, dont je suis cependant bien occupée pour vous, et
un peu aussi pour elle. Je m'égare
quelquefois dans un avenir bien agréable, et je me vois dans une charmante
société. L'espoir brille à mes yeux, et
a je crois aussi parfois soulevé vos crê-
pes. Que ne donnerais-je pas pour
voir ma Victorine aussi heureuse qu'elle
mérite de l'être, et son bonheur viendra toujours de son cœur. . . . . Voilà
quels ont été souvent mes souhaits,
ma chère amie, et ils commencent à
devenir des désirs, soutenus d'espérance. Adieu, je vous embrasse mille
fois de toute mon ame.

P. S. Ma mère se porte fort bien, elle
est bien fâchée d'avoir été obligée de
me rappeler ; mais un oncle, et un
oncle riche ! encore si c'était le bon
Commandeur.

LETTRE CXLVII.

—

LA Cesse DE LOEWENSTEIN

A

Melle Emilie DE Wergentheim.

Epargnez - moi, ma chère Emilie, et fongez combien peu de temps s'eft écoulé depuis la mort de mon mari. Cet affreux fpectacle et fa *foudaineté* m'ont confternée; j'ai été faifie d'épouvante et d'horreur; quel ferait grand dieu l'état de mon ame, fi je perdais une perfonne chère à mon cœur! je ne crois pas qu'il foit poffible de réfifter à un pareil malheur. Faffe le ciel que tous ceux que j'aime

M 4

me furvivent, et que leur esprit ait
une force que le mien n'aura jamais.
Je n'aimais pas le Comte; mais j'étais
bien loin de le haïr, il ne m'a jamais
donné de grands fujets de plainte; il
n'avait rien de brillant dans l'esprit,
mais ne manquait pas de fens; s'il ne
flattait pas mon amour propre, il l'em-
barraffait rarement à un certain point,
et fes voyages, fes occupations ne
permettaient pas que fes affiduités
me fuffent importunes; enfin je crois
qu'il y a beaucoup de femmes plus mal
partagées que je ne l'étais. Vous avez
toujours eu contre lui une forte d'a-
verfion que je m'efforçais de vaincre;
vous faviez mauvais gré d'être mon
mari, à un homme, difiez-vous, fi
inférieur à moi; mais comme je vous
l'ai dit mille fois, fans adopter les
illufions de votre amitié, ce n'eft
point à lui qu'il fallait s'en prendre,

mais à toute la famille. Hélas! que nous laiſſons peu de traces ſur a terre, ma chère Emilie! rien n'eſt changé dans le lieu que ce pauvre Comte habitait, et ſans la couleur de mes habits et ceux de mes gens, qui ſe douterait que quelqu'un a disparu de ce monde, que dis-je, du petit espace que renferme cette habitation? On fait les mêmes choſes, aux mêmes heures, et tout va ſon train accoutumé.

Nous avons eu une quantité de viſites depuis quelques jours, qui ont contribué encore à diſtraire. Le Marquis eſt venu nous voir deux fois, et mon oncle l'a amené dîner hier. Je ne crois pas qu'il aimât davantage ſon fils, s'il en avait un; il fait ſon éloge à la plus petite occaſion qui s'en préſente, et il nous diſait ce matin, en prenant du thé: „Le Marquis ſe flatte qu'on pourra lui faire fortir des fonds de France ; mais je crois que cela est bien difficile : le brave homme, a-t-il ajouté, avec quel courage il fupporte fes malheurs ! fi j'étais un fouverain, il ne ferait pas à plaindre ; mais, fans l'être, il y a des moyens de lui faire accepter ; oui, il y a des moyens de le rendre heureux, je m'entends ma nièce . . . . . n'êtes - vous pas d'avis, mon enfant, que c'eft s'honorer foi - même, que de venir au fecours d'un homme auffi eftimable, et je crois qu'il y en a peu qui foient auffi aimables. " Vous penfez bien que j'applaudis de bon cœur à des intentions auffi généreufes. „Hélas! ai - je dit, en regardant ma mère, c'eft lui qui nous l'a rendue, c'eft par lui que la meilleure des mères refpire, jugez par là du plaifir que j'ai de vous entendre parler ainfi." J'ai lieu de croire d'après cela que mon oncle roule dans sa tête quelque projet utile à la fortune du Marquis. Ma mère m'a dit après dîner en souriant: ,,avez-vous pris garde, ma fille, à ce qu'a dit votre oncle à déjeuner.'' Et le ton dont ma mère a dit ces mots, et l'intention qu'elle a cherché à mettre dans ses regards m'ont éclairée, et fait songer à ce qui ne m'avait pas d'abord frappée. Je ne veux pas vous en dire davantage, il m'en coûterait pour m'étendre sur ce sujet, que je laisse à commenter à mon Emilie. Je vous dirai seulement que ma mère n'a pas été plus loin, et a fini en disant: chaque chose a son temps; et elle m'a embrassée avec une singulière tendresse. On dit qu'une partie des troupes aura des quartiers d'hiver, et que le régiment du cher Baron fera du nombre. Je

partage bien vivement le plaisir que
doit vous faire cette nouvelle. Adieu,
ma chère amie.

LETTRE CXLVIII.

LE MARQUIS DE ST. ALBAN

A LA

COMTESSE DE LONGUEIL.

Félicitez-moi, ma chère cousine, je
suis au comble du bonheur: je puis
aspirer à la main de la Comtesse, tout
pauvre Emigré que je suis; mais ce
serait peu de sa main, si le don de
son cœur n'y était joint. Vous savez
la contrainte que je me suis imposée
depuis la mort du Comte; j'ai respecté

la douleur apparente que prescrit l'é-
tat de veuve, mais j'ai permis à mes
regards, cependant, un peu plus de
liberté et d'expreſſion, et une ou
deux fois, j'ai cru voir que ceux de
la Comteſſe ne m'étaient pas défavo-
rables. Il y a deux jours auſſi, que
parlant avec chaleur de la félicité dont
jouit un de mes amis qui s'eſt marié
à une femme qu'il adorait, elle par-
courut de l'œil ſes habits de deuil, et
elle m'aurait parlé, elle m'aurait expliqué dans le plus grand détail que
les uſages et la décence ne lui permettaient pas encore de ſuivre ſes
ſentimens, qu'elle n'aurait pu rien
ajouter à ce que j'ai lû dans ſes
yeux : mais, ma couſine, il ne s'agit
plus de conjectures, j'ai l'aſſurance
d'être heureux.

Aujourd'hui j'ai été me promener
après le dîner avec le Commandeur;

il m'a beaucoup parlé de fa nièce, et m'a dit, en me regardant fixément: ne penfez - vous pas, monfieur le Marquis, qu'il faut qu'elle fe marie. Je lui ai répondu que je ne pouvais juger de ce qui lui convenait, mais qu'il y avait une chofe fûre pour moi, c'eft que celui qui l'épouferait ferait le plus fortuné des hommes. Touchez-là Marquis, vous êtes cet homme. S'il fuffit de connaître tout le prix d'une telle alliance, j'en fuis digne, lui ai-je dit; mais fongez-vous, Monfieur, que je n'ai rien dans ce moment, et peut-être ferai-je à jamais privé de ma fortune. Mon père, a laiffé en mourant des fonds affez confidérables avec ordre de me les faire paffer inceffamment; mais qui fait s'ils arriveront jusqu'à moi? — Tant mieux s'ils viennent, fi non on s'en paffera. Tenez, Marquis, je vous aime et vous eſtime, et il n'y a qu'un mot qui ſerve ; j'ai trente mille florins de rente et deux belles terres ; je vous en céde une en ce moment, avec dix mille florins de revenu. Je n'ai pu répondre au Commandeur qu'en me jetant à ſon col. Je n'y mets, a-t-il ajouté, que la condition de prendre le nom de Lœwenſtein, qui, je crois, ne peut déshonorer perſonne ; vous y joindrez le vôtre, ſi vous voulez, et vos armes ſeront mi-parties ; et quant à la livrée on pourra également mélanger les galons. — Comment, monſieur le Commandeur, ne porterais-je pas avec plaiſir un nom illuſtre, le nom de mon bienfaicteur, de mon père, enfin le nom d'une femme que j'adore; c'eſt un bonheur de plus que tout ſoit confondu, et l'union en ſemblera plus intime. Il m'a embraſſé à ſon tour, même en me ſerrant tendremeut entre ſes bras, et m'a dit: le commandeur de LOEWENSTEIN ne ſait ce que c'eſt que de s'arrêter en beau chemin, venez et ſuivez-moi. Nous ſommes entrés enſemble chez la Comteſſe qui était avec ſa mère, le Commandeur dès qu'il les a vues, a dit à ſa belle-ſœur: ,,ne ſeriez-vous pas bien aiſe, ma ſœur, d'avoir un fils bien élevé, brave, honnête homme? — Qui en doute, mon frère, quoique cependant Victorine ne me laiſſe rien à déſirer; mais pourquoi cette queſtion? — En voici un que je vous ai trouvé, (en me montrant,) et d'aſſez bonne mine comme vous voyez; eh bien! c'eſt votre fils, c'eſt mon neveu, ſi la Comteſſe ne s'y oppoſe pas. Qu'en dis-tu ma nièce? Allons nous promener ma ſœur et parlons à mon frère. Il faut laiſſer ma nièce s'expliquer avec le Marquis; il vaut mieux, ſi elle le

refufe, qu'il n'y ait pas de témoins
de fa disgrâce. ,,Sa belle - fœur a ri,
nous a regardés avec attendriffement,
et a fuivi le Commandeur. Je me fuis
jeté auffitôt aux pieds de la Comteffe,
fans pouvoir d'abord prononcer une
parole. Je lui ai dit enfuite; c'eft à
vous, Madame, à décider de mon
fort. — Levez - vous, Marquis, m'a-
t - elle dit toute troublée et inter-
dite. — Non, Madame, en prenant fes
mains que j'ai couvertes de baifers
enflammés, c'eft à vos pieds que je
dois attendre mon arrêt; prononcez
fi je dois vivre ou mourir. J'ai répé-
té ces mots plufieurs fois, toujours à
genoux, et mes larmes inondant fes
mains. Vivez, m'a - t - elle dit enfin
avec un fourire enchanteur. Je ne
vous peindrai pas les transports de
ma joie, et fi je voulais vous en donner une idée, je me comparerais à

un aveugle né, à qui on vient d'ôter
la cataracte, qui eſt inondé d'un tor-
rent de lumière qui, pour la première
fois, lui fait voir une femme qu'il
lui avait ſuffi de toucher et d'entendre
pour l'adorer. Lorsqüe le calme a été
un peu rétabli, et que j'ai pu dire
quelques mots de ſuite, j'ai fait à la
Comteſſe le récit de ce qui s'était
paſſé entre le Commandeur et moi.
Il faut bien que j'obéiſſe à un ſi bon
oncle, a-t-elle dit, en me jetant un
regard plein de la plus douce bienveillance. Peu à peu je ſuis parvenu
à obtenir qu'elle lui obéirait ſans regret, enſuite avec plaiſir, enfin, enfin, mon ambition croiſſant ſans ceſſe,
j'ai emporté l'aveu d'une tendre amitié,
tendreſſe aurait mieux valu, amour
encore plus ; mais il y a du tendre et
je ſuis ſatisfait.

Je ne ſuis plus le même homme,

un nouvel univers, un monde enchanté femble s'offrir à moi. Tout
prend un aspect riant, tout s'embel-
lit; j'aime tout ce qui m'environne,
et je fuis tenté d'embraffer tous ceux
que je rencontre. Il faut que je
finiffe les détails de mon heureufe
journée.

Le Commandeur eft rentré avec
fon frère et fa fœur. Monfieur, a-t-il
dit à fon frère, voilà des gens qui fe
font haïs dès le moment qu'ils fe font
vus. La Comteffe, à ces mots, a
rougi. N'êtes - vous pas d'avis qu'ils
fe raccommodent? Il m'a pris la main,
au même inftant et m'a conduit vers
le Comte, qui m'a embraffé de fort
bonne grâce, et m'a dit: vous avez
pu voir que je fuis toujours porté à
être de l'avis de mon frère, mais jamais je n'ai eu autant de plaifir à
me trouver d'accord avec lui. Le

Commandeur a pris ma main, celle de sa nièce, les a jointes; enfin que vous dirai-je? il nous a fait embrasser. Est-ce un rêve? me suis-je écrié, et j'ai embrassé et la mère, et le Commandeur, et le père à dix reprises.. Des larmes qui n'étaient point amères, je crois, ont coulé sur les joues de la Comtesse: est-il possible que tout ce que je vous dis soit vrai! . . . . . est-il possible que tant de bonheur se soutienne! que dis-je, qu'il augmente encore! . . . . . non, ma cousine, je ne puis suffire à ce que j'éprouve. Quelque malheur affreux viendra détruire cet enchantement; je suis ivre de joie en vous écrivant, et tout à coup une secrète terreur me saisit, de noirs pressentimens affligent mon esprit. Que pourrait-il m'arriver! . . . . . l'oncle, la mère, le père, la Comtesse conspirent en ma

faveur. Six femaines, quarante jours
font bientôt paffés, et alors je fuis
l'heureux poffeffeur de la célefte
VICTORINE: alors rien ne peut plus
me féparer d'elle . . . . . pourquoi
trembler? . . . . pourquoi treffail-
lir? . . . . mon bonheur m'accable,
il m'effraie, ma coufine. Pardon
mille fois du désordre de cette lettre, il eft trop tard pour la recom-
mencer; croyez-vous que je puiffe
dormir? vous penfez que l'agitation
de la joie me tiendra éveillé; eh
bien! encore une fois, c'eft de l'effroi
que fouvent me caufe tant de bonheur.

Billet du Marquis de St. Alban à la Comteffe de Longueil inclus dans la lettre ci-deffus.

Je vous ai écrit hier au foir, ma
chère coufine, et je rouvre ma lettre

pour vous dire encore deux mots avant
le départ de mon exprès. J'étais à
prendre du thé avec la charmante famille qui m'a adopté. Un domeſtique
qui descendait de cheval eſt entré, et
a remis un paquet au Commandeur;
il s'eſt retiré près d'une fenêtre, a lû
une lettre et parcouru des papiers.
Nous avons cauſé pendant ce temps
d'affaires indifférentes. Un demi-quart
d'heure après il s'eſt approché de la
table et a dit: ma fœur j'ai envie de
boire un verre de votre bon vin de
Tokai. On en a apporté une bouteille.
Le Commandeur a rempli cinq petits
verres. Victorine, a - t - il dit, tu ne
hais pas le vin de Tokai, et vous
monſieur le Marquis, c'eſt un excellent
vin, il faut que vous buviez tous à ma
ſanté, je me ſens en joie aujourd'hui.
Alors il a pris ſon verre d'une main,
et de l'autre un papier qu'il a préſenté

à la Comteſſe ; puis a dit en avançant ſon verre vers le ſien et vers le mien: j'ai l'honneur de boire à la ſanté de mon-ſieur et de madame la baronne de ✶✶✶; lis donc Victorine ; et elle a lû une donation de la baronnie de ✶ ✶ ✶, avec l'uſufruit pour moi en cas que je perde la Comteſſe. Vous jugez de l'atten-driſſement des ſpectateurs et des transports de ma reconnaiſſance.

Adieu, je finis, et c'eſt auſſi - bien fait, car un volume ne contiendrait pas ce qui ſe paſſe dans mon cœur et dans mon esprit. Le plus heureux des hommes embraſſe la plus chérie, la plus courageuſe, la plus obligeante, la plus raiſonnable et la plus ſpiri-tuelle des couſines paſſées, préſentes et futures.

LETTRE CXLIX.

—

MELLE EMILIE
A LA
CESSE DE LOEWENSTEIN.

Quel plaisir m'a fait votre lettre, ma chère Victorine, et que le Commandeur est admirable et généreux! Il a fait en un instant changer la scène comme le plus habile magicien qui d'un désert fait un lieu de délices. Combien, ma chère, avez - vous vécu depuis cinq mois? un siècle, je crois, si l'on en juge par la multitude des sentimens qui vous ont agitée. J'ai tremblé quelquefois pour ma Victorine

fans le lui dire ; je la voyais fur une
mer orageufe, avec un excellent pilote à la vérité, qui eft fa vertu, mais
tant d'écueils étaient fur fa route,
qu'il était naturel à l'amitié de s'alarmer ; enfin, pour continuer ma figure,
vous voilà dans le port ; dans un port
qui s'eft trouvé près de vous, et que
vous ne pouviez espérer de trouver,
et le vent le plus favorable, le plus
inattendu vous y a pouffée à pleines
voiles. On me fait espérer qu'il y aura
des quartiers d'hiver ; il ferait donc
poffible, ma Victorine, que vous, que
moi, le baron et le Marquis, le même
jour, à la même heure, dans le même
temple recevions enfemble du ciel la
permiffion d'être heureux : cette idée
m'occupe et me transporte, ma chère
amie, et j'en ai déjà fait part au Baron qui en eft enchanté. Ce pauvre
Baron prend bien part au bonheur de

mon amie. Combien la destinée nous est favorable ! sera-t-il sur la terre une société aussi heureuse que la nôtre, lorsque nous serons réunis tous les quatre avec la Duchesse, enfin avec votre mère, avec votre généreux oncle, CHARLOTTE qui devient de jour en jour plus intéressante, et qui finira par avoir un sort digne d'elle ? Est-il un genre de sentimens qui manquera à nos cœurs ? . . . . l'amour, l'amitié, la reconnaissance, c'est là tout ce que j'ai trouvé dans la langue Française; ah qu'elle est pauvre pour les cœurs, cette langue si élégante ! Toujours aimer, pour tout ! On aime sa maîtresse et son ami, la chasse, le vin ; quelle profanation d'un mot sublime, et combien il faudrait créer d'expressions pour rendre sensibles les diverses affections du cœur ! . . . Votre seule famille rassemble des personnes dont

chacune éprouve des sentimens différens : dans l'une règne l'inépuisable
tendresse d'une mère pour sa fille ;
mêlée à un sentiment de supériorité
qu'inspire la plus légitime des auto-
rités ; dans l'autre la tendresse d'une
fille jointe à la docilité, à la vénéra-
tion, à la reconnaissance. Quel terme
peut rendre l'amour à la fois vif,
paisible et légitime de deux époux,
qui a été long-temps traversé par
mille obstacles ; et l'affection de ce bon
Commandeur, composée d'un penchant naturel qui le porte vers sa
nièce, et d'un peu d'orgueil qui se
complaît dans ses perfections, en la
regardant comme une propriété ; son
amitié pour le Marquis, dans laquelle,
à l'estime des plus excellentes qualités, se joint la considération pour un
grand nom, et un peu de vanité qu'inspire la puissance de lui restituer une

partie de fon éclat; l'intérêt que nous infpire à tous CHARLOTTE, mêlé du plaifir orgueilleux qu'on trouve à protéger; mais nous fommes deftinés à éprouver encore un autre fentiment, c'eft celui que nous infpirera le Préfident qui viendra tous les ans paffer quelques mois avec nous; c'eft le père, l'ami, le confeil, l'oracle du Marquis; que de titres pour être chéri de nous, ma chère Comteffe! Je me le repréfente comme un des fept fages de la Grèce. Je lui vois une barbe noire qui commence à grifonner; il a le nez acquilin, les yeux vifs et enfoncés qui reffemblent à des flambeaux au fond d'une caverne; il a l'air férieux et fe prête facilement à la gaieté; fa converfation eft variée parce qu'il a beaucoup vu et réfléchi; il juge févèrement les hommes en général, et eft indulgent pour chacun

d'eux en particulier; tout cela pro-
duira un attachement mêlé de respect,
un peu de crainte d'abord, et ensuite,
peut-être une grande confiance excitée par son indulgente supériorité,
qui ira chercher au-dedans de nous
le peu de bonnes qualités qui s'y trouvent. Vous croyez que j'ai fini; mais
il faudrait encore une expression pour
rendre, ce sentiment, (dirai-je commun ou public, comme on dit esprit
public,) ce sentiment qui est le partage de tous pour cette charmante
société, et qui fait que chacun des
membres est cher à tous, par cela seul
qu'il en est membre, et qu'il est particulièrement cher à l'un d'eux. Ai-je
tort, ma chère amie, de trouver que le
Français, et même l'Allemand, quoi-
qu'un peu plus riche; et toutes les lan-
gues, je crois, manquent de termes pour
rendre les affections si variées du cœur.

Rendez grâce pour le coup à votre métaphyficienne, puisqu'elle vous prouve que notre bonheur eft au-deffus de toute expreffion. Les hommes perfonnels, dont tous les fentimens fe rapportent à eux, pourraient-ils comprendre la félicité que fait éprouver cette variété de tendres affections. Chacune d'elles eft je crois pour mon cœur, ce que les fens font au corps; n'eft-ce pas un bonheur que d'en avoir plufieurs? ils fe renforcent l'un par l'autre et forment une fucceffion de fenfations diverfes: n'eft-ce pas véritablement favoir s'aimer, que de fe reproduire en quelque forte dans plufieurs autres qui font autant de nouveaux *moi*. Celui qui eft doué d'une vive fenfibilité, reffemble à un homme qui a part dans les billets de loterie de plufieurs autres, il a plus de chances pour être heureux, et il voit des hommes heureux de fon propre bonheur, comme il l'eft du leur. Adieu, ma chère amie, vivons et nous n'aurons rien à défirer.

LETTRE CL.

La Cesse de Loewenstein

a

Melle Emilie de Wergentheim.

Je n'ai pas dormi de la nuit, ma chère amie, en fongeant au groupe heureux dont votre lettre m'a donné l'idée. Quoi! vous et le Baron, le Marquis et moi heureux le même jour, et vos parens et les miens ne

formant qu'une feule famille, et s'ap-
plaudiffant du bonheur de leurs enfans!
quoi, vous et moi pénétrées d'une
mutuelle affection et goûtant les mêmes
plaifirs! Je vois le Baron et le Marquis unis d'une tendre amitié fe com-
muniquer mutuellement leur bonheur,
s'entretenir des craintes et des efpé-
rances qui l'ont précédé; et vous et
moi, ma chère Emilie, que n'aurons-
nous pas à nous dire! Nous avons as-
fifté quelquefois enfemble à une pièce
nouvelle, et chacune fe plaifait à dire
à l'autre ce qu'elle éprouvait; il
femblait que nous participions aux
mêmes émotions; notre plaifir crois-
sait lorsqu'il était également fenti
par nous deux : tout cela était paf-
sager et finiffait avec la pièce; mais
lorsque nos cœurs feront livrés à des
fentimens femblables, vifs et durables, quelle fera notre félicité! Mon

imagination ne connaît pas de bornes,
quand il s'agit de l'union de nos
cœurs, vous dirai-je à quel point
elle s'égare? Je songe quelquefois
à nos enfans, je songe à nous reproduire pour nous confondre. Adieu,
ma tendre amie.

LETTRE CLI.

LA COMTESSE DE LONGUEIL

AU

MARQUIS DE ST. ALBAN.

Je suis après vous, mon cousin, la personne la plus heureuse et j'adore le Commandeur. Vous êtes effrayé, je le conçois; les criminels espèrent sur l'échafaud, et la crainte glace les hommes qu'un grand bonheur accable. Vous êtes comme ce tyran qui retrouvant sa bague dans le corps d'un poisson qu'on lui avait servi, tremblait qu'une affreuse catastrophe ne suivît de près; mais, mon cher cousin, soyez moins ingénieux à vous tourmenter, et songez, comme vous le dites, que rien ne peut faire obstacle à votre bonheur. Quand le calme sera rétabli dans votre esprit, vous vous familia-riserez un peu avec la perspective qui vous enchante, et la crainte fera place à l'impatience. Vous m'avez peut-être trouvée un peu pédante jusqu'à ces derniers temps, mais à présent vous me verrez aussi ardente que j'étais circonspecte; vous me verrez engager la Comtesse à vous prodiguer les témoignages d'une ten-dresse dont je n'ai jamais douté, et c'est ce qui causait mes alarmes; je la presserai de convenir qu'elle vous aimait; car un tel aveu, précédé de sa conduite, fait son éloge, et lui fait autant d'honneur en ce moment, qu'il aurait été contraire, il y a deux mois, à sa gloire; mais mon cher cousin, croyez que je vous donne par là une bien grande marque d'estime, car je connais les hommes, et la plupart feraient moins empressés, d'après un tel aveu, d'applaudir à des combats victorieux, que disposés à pronostiquer une infaillible défaite. Si les choses n'eussent pas changé, oui, mon cousin, cet aveu si flatteur deviendrait en général, le principe d'une secrète jalousie, prête à s'éveiller à la plus légère apparence. Adieu, mon cousin, il nous est donc permis de goûter le bonheur; il serait sans nuage, il serait extrême; mais le malheur de mes compatriotes en corrompt la douceur. Je me reprocherai de m'y livrer comme si tout ce dont je jouirai leur était enlevé. Adieu, nous sommes bien heureux.

LETTRE CLII.

———

La Cesse de Loewenstein
a la
Comtesse de Longueil.

Vous me comblez de joie, madame la Duchesse, en acceptant les offres que mon cœur vous faisait intérieurement de ne plus former qu'une famille ; quelle charmante image je me fais des jours que je passerai avec vous ! et que le Marquis sent vivement le plaisir d'une telle réunion ! Vous croyez que mon cœur dès les premiers instans que je l'ai vu, s'est senti entraîné vers lui, et vous intéressez ma gloire à cet aveu ; s'il peut ajouter à son bonheur,

Tome IV.   P

je ne balancerai pas à le faire : son
bonheur eſt, dès ce moment, la ſeule
loi qui me dirige, et l'unique principe
que je conſulterai le reſte de ma vie.
Je ſens, comme vous me le faites entendre, qu'il y aurait quelque risque
à faire un tel aveu à tout autre homme,
parce qu'en général ils préfèrent la
ſageſſe à la vertu ; mais la prudence
qui dérive toujours de la défiance, répugne à mon cœur, lorsqu'il s'agit du
Marquis. Je veux qu'il pénètre dans
ſes plus petits replis, et que dans tous
les inſtans de ma vie, il liſe toujours
la plus ſecrète de mes penſées. Dites-
lui donc, madame la Ducheſſe, que je
l'ai aimé, puisqu'il y met tant de prix ;
mais dites-lui ſur-tout que je l'aimerai jusqu'à mon dernier ſoupir.

LETTRE CLIII.

—

LE COMTE DE LONGUEIL
AU
MARQUIS DE ST. ALBAN.

Je crois, mon cher Marquis, que vous êtes après, le cardinal MAURY, le seul qui ayez gagné à la Révolution. Votre fortune ne surpasse pas comme la sienne celle que vous aviez en France; mais elle est honnête et deviendra plus confidérable, et le bonheur que vous avez eu de rencontrer une femme charmante, et d'obtenir fa main, est au-deffus de toutes les fortunes. Je me rendrai avec grand plaifir à votre invitation ; oui, j'assisterai à l'union de deux époux, qui me seront dans peu également chers, et je prends l'engagement de passer chaque année quelques jours chez vous. Je conçois que votre bonheur vous accable en quelque sorte. C'est l'effet de la surprise, c'est l'effet de la violence de la passion ; les transports de la joie ne durent que quelques momens, l'ame ensuite se concentre dans elle-même, et se répand peu au-dehors. Il est trois sortes de gens qui parlent peu, ce sont les savans et les gens fort heureux ou fort malheureux ; ainsi l'on peut dire que le savoir, la douleur et le bonheur sont muets. Les uns ont trop à dire pour parler, et les autres ne trouvent point d'expressions qui puissent les satisfaire. La nature même leur refuse les moyens ordinaires de manifester leurs sentimens : il n'est

point de larmes pour les grandes dou-
leurs. J'ai souvent remarqué dans
les sociétés de Paris, de jeunes femmes
entourées chez elles de semillans ado-
rateurs qui cherchaient à plaire et
obtenaient quelques marques de bienveillance, qu'ils regardaient comme
des faveurs, ce n'était pas parmi eux
que je cherchais l'amant heureux ; je
voyais entrer un homme qu'on saluait
d'un sourire ; qui ne s'empressait pas
de parler, qui était pensif ou distrait ;
voilà, disais-je, l'amant fortuné, et je
me trompais rarement. J'ai entendu
souvent raisonner de politique, d'ad-
ministration devant un ministre con-
sommé dans les affaires, à peine écou-
tait-il, il ne se donnait pas la peine
de parler, il aurait eu trop à dire, et
celui qui possède à fond un objet, n'en
parle qu'avec un certain dégoût, enfin
il n'est pas stimulé par la vanité ; car

il paraîtrait bien simple qu'il fût inftruit de chofes qui l'ont occupé toute
fa vie. Je vous dirai encore, mon
cher marquis, par une fuite de réflexions fur les heureux, et de la
peinture que vous me faites de votre
ame, je vous dirai, que l'homme paffionné eft férieux, que le plaifir lui-
même eft mélancolique. Une manière vive de fentir n'eft pas compa-
tible avec cette difpofition d'efprit et
de l'ame qu'on appelle gaieté, et qui
fait voltiger fur les furfaces fans s'arrêter. Il ne faut pas chercher les
femmes fenfibles, ou celles qui ont
du penchant pour les plaifirs de l'a-
mour, parmi celles qui font les plus
vives, les plus gaies, les plus folâtres,
mais parmi les femmes férieufes et
compofées. Malgré tout ce que je
viens de dire, j'efpère que votre fociété n'aura rien de trifte, et que fi

elle n'eſt pas joyeuſe. elle ſera ſatis-
faite. Parlez à monſieur le Commandeur de mon admiration, et dites-lui
que je partage votre reconnaiſſance;
offrez mes reſpects à madame la
Comteſſe, et demandez-lui ſon amitié,
pour un homme à qui votre bonheur
eſt plus cher que le ſien. Je vous fé-
licite et vous embraſſe de tout mon
cœur. *Vale et ama.*

LETTRE CLVI.

LA COMTESSE DE LONGUEIL
A
Melle ÉMILIE DE WERGENTHEIM.

La plus affreuse nouvelle, à laquelle on devait depuis long-temps s'attendre, Mademoiselle, nous empêchera, mon cousin et moi, d'aller demain dîner chez vous; peut-être influera-t-elle aussi sur vos dispositions, et vous fera remettre votre concert. La fille de MARIE THÉRÈSE, la descendante de vingt Empereurs, a succombé sous la hache des bourreaux. Un sentiment d'horreur m'empêche de vous tracer les circonstances de sa déplorable fin, qu'on a cherché à rendre plus affreuse que celle du Roi, en y joignant l'ignominie des traitemens. Je me bornerai à vous dire, que l'infortunée MARIE ANTOINETTE a montré jusqu'au dernier moment, un courage héroïque et sans aucune ostentation. Croirez-vous, Mademoiselle, que dans cet effroyable événement il y ait quelque chose de plus étonnant encore que l'attentat lui-même, quelque chose qui puisse rendre encore les Français plus odieux ? Il était possible à l'esprit de supposer que des sujets tremperaient leurs mains parricides dans le sang de leurs souverains, l'histoire en fournit quelques exemples ; mais qui que ce soit n'aurait imaginé, aucun philosophe n'aurait pu prévoir, que le supplice d'une reine, ne produirait pas une grande fenfation. Les lettres qui ont apporté cette nouvelle, s'accordent à dire que le peuple familiarifé avec les fupplices, habitué à voir tomber chaque jour les têtes des plus illuftres perfonnages, à entendre outrager la majefté royale, et avilir un nom augufte qu'on a cherché à remplacer par une ridicule dénomination, que ce peuple abreuvé de fang avait confondu le fupplice de la Reine, avec celui de mille autres victimes; que ce fpec-tacle affreux n'a rien eu de plus éton-nant pour lui, que les autres fcènes fanglantes du même genre. Cette monftrueufe indifférence, cet endur-ciffement au crime ne font-ils pas pires à vos yeux, que la fureur? Nous avons tous penfé, en lifant ces dé-tails, que les transports de la rage font moins atroces que l'infenfi-bilité des Parifiens. Madame de

Lᴏᴇᴡᴇɴsᴛᴇɪɴ sera bien affectée de ce déplorable événement. Elle a dans sa chambre un portrait de l'immortelle Mᴀʀɪᴇ Tʜᴇ́ʀᴇ̀sᴇ, que je lui ai souvent vu contempler avec plaisir; quels souvenirs lui retracera ce portrait où règnent la majesté et la bonté ! ... Adieu, Mademoiselle, daignez dire mille choses pour moi à notre amie, et agréez mon tendre attachement.

LETTRE CLV.

Le Vicomte de * * * *
au
Marquis de St. Alban.

Je m'empreſſe, mon cher Marquis, de vous donner une bien bonne nouvelle; ſon Alteſſe vient de vous accorder de ſon propre mouvement le commandement d'un bataillon. Je n'ai pas beſoin de vous dire combien il eſt flatteur d'avoir dans les circonſtances actuelles ſous ſes ordres, cinq compagnies compoſées en parties de gentilshommes. Il y a parmi les ſimples ſoldats des capitaines, des lieutenants - colonels, des officiers qui ont le brevet de colonel. La nobleſſe Françaiſe ne s'embarraſſe pas des grades, quand il s'agit de ſervir ſon roi, et l'on verſe des larmes d'admiration, en voyant des hommes blanchis dans le commandement, s'honorer d'être ſoldat ou cavalier. Né perdez pas de temps à vous rendre auprès de ſon Alteſſe, qui me charge de vous faire part du choix qu'elle a fait de vous, et de vous prévenir qu'il ſe paſſera quelque choſe d'intéreſſant avant peu: je jouis de la ſatisfaction que vous éprouverez en apprenant cette nouvelle, et de l'espérance qu'il nous ſemble enfin permis de concevoir; je vous renouvelle avec bien du plaiſir mon fidelle, ancien et éternel attachement.

Le vicomte de * * *.

P. S. Je vous envoie à tout haſard vingt-cinq louis, mon cher Marquis, pour votre route, afin que rien ne puiſſe s'oppoſer à votre impatience. Si vous n'en avez pas beſoin, vous me les rendrez en arrivant, mais ne vous faites aucun ſcrupule d'accepter ce faible ſervice.

LETTRE CLVI.

LE MARQUIS DE ST. ALBAN
A LA
CESSE DE LOEWENSTEIN.

Liſez, ma chère Comteſſe, et vous verrez à quelle loi je ſuis forcé d'obéir. Vous hâteriez vous-même mon départ, ſi je balançais, et je me figure vous obéir en m'arrachant à vous. Je

n'héfite pas, ô ma divine amie! mais
mon cœur eft déchiré, et mon esprit
presque égaré en confommant un auffi
douloureux facrifice. Il faut que je
vous fuie, au moment où l'espoir brille
à mes yeux. Ah! combien la perfpective du bonheur fe recule dans
un affreux lointain! . . . Mais quoi,
eft-il vrai que je vous quitte? eft-il
donc dans l'univers entier une force
qui puiffe m'y contraindre? Malheureux que je fuis! elle exifte cette force,
c'eft mon roi, c'eft l'honneur! . . .
Vous m'appelez je crois, ma chèreCom-
teffe, vous me retenez et me dites:
„quel engagement avez-vous pris?
n'avez-vous pas déjà affez fait? . . . vos
bleffures font à peine guéries. . . .“
Ah! fi vous m'appeliez! . . . . J'en
frémis . . . . . . que deviendrais-je?
mais vous ne feriez plus alors cette
célefte Victorine que j'adore; cette

Victorine fur qui la voix du devoir a tant d'empire, et qui fait elle - même combattre et vaincre. Daignez pren-dre pitié de moi, et relevez mon cou-rage abattu de fes propres efforts ; que les témoignages de votre bonté me ras-surent fans ceffe, me foutiennent pen-dant une auffi cruelle abfence. Pro-mettez-moi, je vous en conjure à ge-noux, qu'à dater du moment de mon retour, une femaine ne s'écoulera pas fans que je fois le plus fortuné des hommes. Agréez mon admiration et tous les fentimens d'un cœur rempli de vous.

LETTRE CLVII.

—

LE MARQUIS DE ST. ALBAN
A LA
COMTESSE DE LONGUEIL.

Je fuis arrivé ce matin, ma chère coufine, au quartier-général, et j'ai été reçu du Prince avec une extrême bonté. Il m'a paru bien plus grand dans une espèce de grange, où je l'ai trouvé logé, que dans fon château de Chantilli; je ne voyais pas là les fuperbes tableaux qui repréfentent les batailles du grand CONDÉ, mais je le voyais lui-même; je voyais en lui la fimplicité de l'oncle d'HENRI IV.

Q 3

difant froidement au comte de Roye, fon beau - frère, dont le cheval venait de lui caffer la jambe : *vous voyez combien les chevaux fougueux font dangereux un jour d'affaire.* Les grands hommes font comme les athlétes qui perdent à être vus couverts des plus beaux habits; c'eft nus qu'il faut les voir pour juger leurs belles proportions. C'eft dans l'adverfité qu'il faut juger les hommes que le fort a mis au-deffus des autres; c'eft lorsqu'il les a rejetés dans la foule et dépouillés de cette pompe qui fait paraître en quelque forte égaux, tous les hommes qu'elle environne de fon éclat. Trois générations font animées du même zèle, brillent de la même valeur, et la frugalité des Spartiates femble naturelle à des princes habitués aux délices d'Athènes. Je me fuis en quelque forte efforcé, ma chère coufine, pour payer ce tribut à l'héroïsme, parce qu'il m'eſt presque impoſſible de vous entretenir de quelque choſe d'étranger au ſentiment qui remplit mon cœur et mon esprit. C'eſt une gêne inſupportable pour moi, que de me trouver au milieu d'hommes agités du plus grand intérêt, et je parais en écoutant les détails les plus curieux, ſortir d'un profond rêve. Je prends part quelquefois à ce qu'on dit, comme les ſourds qui s'efforcent de prendre un air affectueux ou riant, pour faire croire qu'ils comprennent ce que l'on dit d'intéreſſant ou de plaiſant. J'ai retrouvé ici pluſieurs de mes anciens camarades qui m'ont comblé d'amitié, et demain nous espérons joindre les Patriotes. La poſte ne partira qu'après-demain, ainſi, ma chère couſine, vous ſaurez le ſuccès de notre attaque.

P. S. Je vous envoie, ma chère coufine, un bulletin qui contient tous les détails d'un avantage que nous avons remporté ; donnez - moi en retour de vos nouvelles, et parlez - moi de la Comteffe, de la fanté de tout ce qui l'intéreffe. Soyez auprès d'elle le plus fouvent poffible, en attendant l'heureufe époque qui nous réunira à jamais. Elle vous aime pour vous, et un peu auffi pour moi; je voudrais que vous vous arrangeaffiez avec mademoifelle Emilie, pour que l'une de vous fût toujours auprès d'elle. C'eft le plus fûr moyen d'écarter l'inquiétude de fon esprit, de rendre fon espoir fupérieur à fes craintes: je m'efforce dans la lettre que je lui écris.

LETTRE CLVIII.

—

LE MARQUIS DE ST. ALBAN
A LA
CESSE DE LOEWENSTEIN.

Qui m'eût dit, il y a six mois, ma chère Comtesse, qu'un jour, mon premier devoir après un combat, serait de vous rassurer! c'est pour moi un très-grand plaisir de reconnaître vos droits, votre empire, dirai-je votre propriété, en vous rendant compte de tout ce qui me concerne. Nous avons livré hier aux Patriotes un combat qui a duré six heures. Ils ont d'abord

été enfoncés et fait une perte confidérable; mais enfuite ils font re-
venus à la charge avec des troupes
fraîches, et ils ont été au moment de
l'emporter par le nombre d'hommes
renaiffant, et à force de canons; nous
fommes cependant reftés maîtres du
terrein, et ils ont été obligés de fe
retirer à une lieue fort en défordre.
On eftime à deux mille hommes leur
perte, et la nôtre eft de trois cents.
Je ne vous ferai point de détails militaires; mais je vous dirai que d'ici
à huit ou dix jours, il n'y aura pas
d'affaires importantes, et feulement
quelques affaires de pofte, qui n'en-
gagent qu'une petite partie de notre
armée. N'ayez point d'inquiétude
fur mon compte, mon adorable amie,
le deftin n'a pas tant fait pour moi,
pour en refter là. On eft fouvent et
long-temps de fuite auffi peu expofé

à l'armée que dans une ville éloignée
de l'ennemi. Je n'ai jamais songé à
ma conservation; mais chaque jour à
préfent je m'applaudis d'exifter, d'a-
voir un jour de plus. Il arrivera,
celui où jetant les yeux fur l'univers
entier, je ne verrai perfonne à qui je
puiffe envier quelque chofe; je ne
verrai rien qui foit l'objet d'un défir
pour moi. Les plus grands empereurs avaient encore des fouhaits à
faire, pour la gloire ou la puiffance;
mais moi, et permettez que je dife
vous, nous n'aurons de voeux à former
que pour la durée de notre bonheur.
Je fuis tout entier à l'espoir, aucune
crainte ne me trouble, et ces heureux
preffentimens ne feront point trompés.
Je n'éprouve de défirs que de voir aller le temps plus vîte. Encore fix
femaines! . . . elles s'écouleront, ma
chère amie, toutes lentes qu'elles

paraiffent. Ménagez votre fanté, cal-
mez votre ame vive et fenfible, diffi-
pez - vous par quelque voyage. Je
pratique ce que je vous recommande;
mais j'en ai plus de moyens et d'oc-
cafions. On vient m'avertir pour aller
à un confeil. Adieu, mon adorable
amie, mon univers. Je baife mille et
mille fois vos belles mains, la main
dont le don eft à envier par tout ce
qui respire.

LETTRE CLIX.

—

BERTRAND
A MADAME
LA CESSE DE LOEWENSTEIN.

Je remplis les ordres de madame la
Comtesse, en lui donnant des nouvelles de mon cher maître; il se porte
comme un charme, et il est toujours
à cheval: il m'est avis que cela lui est
bon; car lorsqu'il est seul chez lui, il
va et vient sans cesse. Il veut lire
et bientôt voilà qu'il jette là son livre;
il écrit, déchire, et il est, pardonnez-
moi le mot, tout *ahuri*. Monsieur le
Prince est venu deux fois le voir, et

je crois qu'ils en ont dit de bonnes
fur nos malheureufes affaires ; car on
dit que monfieur le Marquis eft encore
un grand politique , outre qu'il eft un
fi brave homme. J'ai quelquefois entendu monfieur le Préfident, qui eft un
grand esprit , c'était fon terme, en
montrant la tête de mon maître : *il
y a du monde au logis.* Nous avons
frotté par deux fois ces enragés de
Patriotes ; il y en a beaucoup parmi
eux qui n'ont tant feulement pas de
fouliers ; ils fe font tuer comme des
mouches, et pour un bon Français de
tué ou de bleffé, il y a cinquante
Patriotes à bas, mais c'eft leur canon
qui les rend forts , ils en ont autant
que de fufils, c'eft une manière de
parler. Je quitte monfieur le Marquis
le moins que je puis, et lorfque je
crois qu'il y a quelque échaffourée, je
fuis le plus près poffible, avec un bon

fabre et des piftolets, comme je l'ai promis à madame la Comteffe. De grandes batailles, il n'y en a pas; mais ce qu'ils appellent des affaires de *pofte*. Ce n'eft pas qu'il n'y faffe chaud auffi; mais tout le monde n'en eft pas, et en voilà plufieurs où monfienr le Marquis n'était pas, parce qu'il était refté dans les lignes. Madame la Comteffe peut fe faire expliquer tout cela; mais je crois qu'elle le fait, parce que tous les feigneurs de fa famille ont toujours été à la guerre, et on les entend parler. J'ai l'honneur de la prier de recevoir le refpect de fon

très - humble ferviteur,

Bertrand.

P. S. Si je manque à quelque chofe, madame la Comteffe voudra bien m'excufer, parce que je ne fuis pas accoutumé à écrire à des dames comme elle.

LETTRE CLX.

Le Marquis de St. Alban
a la
Cesse de Loewenstein.

J'ai eu hier, mon adorable amie, une bien agréable vifite, et, le diriez-vous, celle d'un homme auffi heureux que moi. Le baron de * * * a été envoyé au Prince, par fon général, et s'eft em-preffé de venir voir un homme, dont fa chère Emilie lui a fi fouvent parlé, et à qui fa célefte amie deftine un fort à envier de tous les mortels. Vous pensez bien que la conversation n'a pas langui : question sur question de la part du Baron, sur votre santé et celle de votre amie, sur vos occupations, sur vos projets, enfin sur l'époque fortunée. Nous avons en quelque sorte épuisé le passé, le présent et l'avenir. Il n'a pas éprouvé les mêmes traverses que moi, avant d'arriver au bonheur ; mais notre position, notre manière de sentir, nos craintes et nos espérances sont les mêmes à présent, et tourmentés d'une égale impatience, nous avons également la perspective enchanteresse d'un bonheur inépuisable. Que n'étiez-vous, ainsi que l'aimable EMILIE, avec nous, ma tendre amie, vous auriez toutes deux été charmées des projets qu'enfantait notre imagination, excitée par la sensibilité et la chaleur de notre ame ; on n'a peut-être jamais raſſemblé quatre perſonnes réuniſſant entre elles des rapports pareils d'âge, de ſentimens, de caractère et d'opinions. S'il eſt des mortels dont le bonheur puiſſe être le partage; ſi c'eſt dans le cœur que s'en trouve la ſource, n'eſt-ce pas à nous qu'il eſt réſervé, à nous dont le cœur éprouve tout ce que l'amour a de plus vif, tout ce que l'amitié a de plus doux? Vous paſ-serez ſans ceſſe des bras du plus tendre amant dans ceux de la plus charmante amie. Je ne puis dans ce moment par-ler qu'en général de mon bonheur qui m'enivre, il faut que je ſois plus calme pour entrer dans les détails d'un plan de vie, que nous avons formé. J'ai été charmé de la figure, des manières et de l'esprit du Baron; on ne peut pas dire qu'il a l'air Français, et il n'a pas l'air Allemand; la fréquentation de diverses nations, celle des cours et des camps lui ont donné une manière d'être à lui, qui n'est d'aucun pays, et il semble avoir pris ce que chacun a de bien.

Je suis forcé de finir ici ma lettre, le Prince m'envoie dire de venir chez lui à l'instant. Je suis au désespoir d'être interrompu, j'avais encore tant de choses à vous dire, ma charmante amie. Adieu, mille fois tout ce que j'ai aimé, tout ce que j'aime et j'aimerai.

P. S. Dites à mademoiselle EMILIE, que le Baron se porte bien, ne soyez pas inquiète si vous entendez parler d'un petit combat ; l'armée de CONDÉ a été attaquée près de Hochfeld, mais elle a perdu très-peu de monde.

LETTRE CLXI.

—

LE COMTE DE LONGUEIL
A
MELLE EMILIE DE WERGENTHEIM.

J'ai l'honneur de vous envoyer, Mademoiselle, un paquet dont le détail est bien triste à vous faire ; il renferme une copie d'une lettre de monsieur le Vicomte de * * *, qui vous apprendra la perte que nous avons faite, et j'ose dire la France ; plus une lettre pour vous recommander la Comtesse, dans l'affreuse situation où elle se trouve : cette lettre a été dictée au Marquis par le plus noir pressentiment, que l'avenir n'a que trop juftifié ; enfin à ces deux lettres eft joint un portrait de la Comteffe, fait par le Marquis avec cette infcription :

Natura la fece et poi ruppe la stampa.

Les expreffions me manquent, Mademoifelle, pour continuer, pour m'étendre fur un pareil fujet ; quel funefte devoir vous avez à remplir ! car c'eft de vous feule que la Comteffe peut apprendre l'horrible fort du Marquis, l'excès de fon propre malheur. Que pourrais-je vous dire et vous confeiller ? votre prudence et votre amitié iront par de-là ce que je pourrais prévoir et vous recommander. Madame de Longueil eft malade en ce moment, et plongée dans le plus affreux défespoir ; elle femble fe multipier, pour éprouver à la fois et le fentiment de fa profonde douleur, et celui de la

Comtesse et du Commandeur. Si près d'être heureux, quel coup de foudre! J'ai à m'occuper des dernières dispositions de notre ami, dont son amitié, m'a confié l'exécution : elles feront littéralement suivies ; c'est un triste et douloureux ministère, mais le plus désolant est celui dont vous êtes chargée ; rappelez tout votre courage, Mademoiselle, pour apprendre à notre amie l'excès de son infortune. Je vous envoie une copie du testament et un récit affreux qui vous instruira de tout. J'espère qu'après-demain je pourrai me rendre auprès de vous, avec Madame de LONGUEIL ; puissions-nous, Mademoiselle, aider à vous soutenir dans vos douloureuses fonctions, et les adoucir en les partageant. Agréez mon profond respect et mon fidelle attachement.

Madame de LONGUEIL vous embrasse

tendrement, et fa main tremblante de douleur ne lui permet pas de vous écrire deux lignes que fes larmes effaceraient.

LETTRE CLXII.

—

LE MARQUIS DE ST. ALBAN
À
MELLE EMILIE DE WERGENTHEIM.

Je fuis parti, Mademoifelle, l'esprit attaqué des plus noirs preffentimens. Je fouhaite que cette lettre ne vous parvienne jamais ; car il y aurait dans le monde une perfonne bien malheureufe, fi j'en juge par mes fentimens. Je vous la recommande, Mademoifelle, dans cette cruelle fuppofition, et je vous demande de vous souvenir d'un homme qui vous est tendrement attaché.

LETTRE CLXIII.

LE VICOMTE DE * * * *
AU
COMTE DE LONGUEIL.

J'ai à remplir, monsieur le Comte, un bien douloureux devoir auprès de vous ; nous avions un ami, hélas ! il n'est plus : agité d'un noir pressentiment il me remit, quelques jours après son arrivée à notre armée, un porte-feuille qu'il me pria de faire déposer dans quelque lieu sûr, pour vous être remis, s'il périssait dans cette campagne. Il a toujours été, depuis qu'il nous a joints, en proie à une profonde tristesse, dont il m'a fait connaître la cause sans entrer dans de grands détails; mais il m'en a dit assez pour que je sois sûr qu'il existe en ce moment une personne bien malheureuse. N'ayant pas la force de vous faire un récit déchirant, j'ai fait transcrire un article de l'une des infames gazettes qui circulent en France; il vous apprendra ce que ma main répugne à tracer. J'imagine que votre malheureux ami vous charge de quelque commission, peut-être bien pénible à remplir; mais qui connaît mieux que vous, monsieur le Comte, les devoirs de l'amitié, et quel homme a plus que vous de courage et de sensibilité? Notre ami se plaisait souvent à s'entretenir avec moi des obligations qu'il vous avait, et de vos généreux fentimens. Recevez, monfieur le Comte, l'hommage bien fincère de mon refpectueux attachement, et confervez-moi un peu de part dans votre fouvenir.

Le Vicomte de * * *.

EXTRAIT
DE LA GAZETTE DE * * *

le . . . . . 179 . . . .

,, On a transporté ici le vingt, un ,, fameux Ariftocrate, appelé ci - devant ,, le marquis de St. ALBAN, et comme ,, il avait été fait prifonnier en com- ,, battant contre la République, fon ,, procès n'a pas été long à faire. Ame- ,, né hier devant le tribunal révolu- ,, tionnaire, lorfqu'on a demandé fon

„ nom, il a répondu, le marquis de
„ St. ALBAN. Le peuple a témoigné
„ auffitôt fon indignation par des huées;
„ mais dès que le Préfident a eu dit
„ de fe taire, le peuple plein de res-
„ pect pour la loi et pour fes orga-
„ nes, a gardé le plus profond filence.
„ L'ex-noble a eu l'infolence de jeter
„ les yeux fur l'affemblée d'un air
„ méprifant, et a cru faire quelque
„ chofe de beau en répétant : je m'ap-
„ pelle le marquis de St. ALBAN. On
„ lui a demandé, s'il n'avait pas été
„ pris les armes à la main contre les
„ troupes de la République, et il a
„ répondu, fuivant leur langage ordi-
„ naire, qu'il fe glorifiait d'avoir com-
„ battu pour fon roi et fa patrie, et
„ de mourir pour la défenfe d'une auffi
„ belle caufe, qui était celle de l'hu-
„ manité. Alors le Préfident a dit
„ qu'il n'y avait rien de plus à entendre.

,, Bientôt après, sa sentence lui ayant
,, été prononcée, il a voulu haranguer
,, le peuple ; mais le Préfident a fait
,, auffitôt figne de le faire fortir. Alors
,, le ci - devant Marquis ayant tiré fon
,, mouchoir, et s'étant un peu baiffé
,, comme pour en faire ufage, s'eft
,, frappé d'un ftylet très - mince, et eft
,, tombé à l'inftant fans vie. On a ra-
,, maffé un papier qui était tombé de
,, deffous fa redingote, et le peuple
,, s'eft avancé en foule pour en enten-
,, dre la lecture ; mais il était fi rempli
,, de fang qu'on a eu peine à en lire
,, d'autres mots que ceux - ci : je n'ai
,, pas voulu fouffrir qu'une main in-
,, fame s'approchât de moi, et la mienne
,, achevera feule le facrifice de ma vie,
,, que je fais à mon roi et à ma patrie.
,, Le peuple au mot de roi eft entré
,, en fureur, s'eft jeté fur le corps in-
,, animé de l'Ariftocrate, qu'on n'a pu

„ l'empêcher de mettre en pièces.
„ L'humanité fe révolte de ces fan-
„ glans excès ; mais dans tout les pays
„ les racines de l'arbre de la liberté
„ ont été arrofées de fang, et com-
„ ment pouvoir contenir un peuple qui
„ voit outrager fon gouvernement et
„ des lois qui lui font fi chères ? On a
„ fu le même jour que le Marquis
„ avait paffé à écrire, la nuit qui avait
„ précédé le jour de fa mort, et l'on
„ a trouvé plufieurs papiers écrits de
„ fa main, et répandus dans divers en-
„ droits de la prifon, qui contenaient
„ des exhortations aux prifonniers
„ pour fe révolter, et un plan de con-
„ juration contre la République. Tous
„ ces papiers ont été remis au con-
„ cierge, et l'on a fignifié aux prifon-
„ niers que celui qui en garderait un
„ feul, ferait guillotiné fans être même
„ écouté. etc. etc. etc. "

TESTAMENT
DU MARQUIS DE St. ALBAN.

Dans le cas où je viendrais à mourir avant d'être marié ou réintégré dans mes biens en France, mon intention eſt que mon bien actuel, montant à la valeur d'environ deux cents vingt mille livres, ſoit partagé de la manière ſuivante.

1°. Je laiſſe à madame la comteſſe de Longueil ſoixante-dix mille livres, et pareille ſomme à monſieur le comte de Longueil, ſur lesquelles ſommes ils voudront bien prélever celle de ſix mille livres pour l'employer à ſecourir au m ment, un ou deux des plus malheureux de mes compatriotes.

2°. Je laisse la somme de quarante mille livres à mademoiselle CHAR-LOTTE de ***, fille de monsieur le Comte de ***, lieutenant général des armées du roi de France, et mon intention est que ce fond soit placé par monsieur le comte de LONGUEIL, qui voudra bien se charger de ce soin, et qu'il soit remis à mademoiselle de ***, lorsqu'elle aura atteint sa dix-huitième année.

3°. Je laisse à BERTRAND, mon valet de chambre, qui m'a servi pendant quinze ans avec une fidélité et un zèle rare, et m'a donné depuis que j'ai quitté la France, des preuves du plus grand attachement, tout mon mobilier, consistant en linge, meubles et argent comptant, qui se trouverait en ma possession au jour de mon décès en pays étrangers, et en outre la somme de douze mille livres.

40. Dans la suppofition où la monarchie Françaife ferait rétablie, et les fidelles ferviteurs du Roi réintégrés dans leurs biens, je laiffe la totalité de mes biens, de quelque nature qu'ils foient, au chevalier de * * *, mon coufin du même nom que moi; mais quant à la jouiffance, mon intention eft: que la moitié du revenu que je fuppofe devoir s'élever à cent vingt mille francs, foit diftribuée en autant de portions de mille livres, que je fupplie monfieur le comte de Longueil de vouloir bien répartir fuivant fes lumières et confcience, à autant de militaires, prêtres ou magiftrats, qui fe feront diftingués par leur zèle pour la perfonne du Roi, et le rétabliffement de la monarchie. J'obferverai qu'elles ne doivent pas fe faire de fcrupule d'accepter ce fecours d'un particulier, puisqu'il n'aura

lieu qu'après fa mort, et que cette circonftance excluant toute dépendance, permet à la délicateffe de recevoir les dons de l'eftime ou de l'amitié.

5°. Sur les fommes reftantes, il fera pris celle néceffaire pour faire faire un fouvenir d'or émaillé, avec ces mots en diamans : *fouvenir du plus tendre amour*, que je fupplie madame la comteffe de LOEWENSTEIN d'accepter. Secondement trois autres pareils, avec ces mots : *fouvenir d'amitié*, dont l'un fera remis à mademoifelle EMILIE de WERGENTHEIM, l'autre à monfieur le Commandeur de LOEWENSTEIN et le troifième à monfieur le comte de LONGUEIL.

Je fupplie monfieur le comte de LONGUEIL, que j'ai depuis long-temps regardé comme mon père, de vouloir bien accepter la qualité de mon exécuteur teſtamentaire et l'hommage des ſentimens profonds d'eſtime, d'attachement et de reconnaiſſance que je lui ai à jamais conſacrés.

Fait à Brumpt,
le 25 Octobre 1793.

Signé le Mis de St. Alban.

LETTRE CLXIV.

—

MELLE EMILIE DE WERGENTHEIM
A LA
COMTESSE DE LONGUEIL.

J'ai reçu, madame la Comteſſe, le
paquet que vous m'avez envoyé. J'y
ai trouvé le portrait de mon amie, et
une lettre du Marquis écrite avant ſon
départ, mais, Madame, je n'ai pas la
force de parler d'autre choſe que de
la Comteſſe: elle eſt inſtruite comme
vous le verrez par une lettre du Commandeur que je vous envoie; ſon état
eſt très-alarmant, et ſa raiſon eſt

comme égarée. La fièvre et l'abattement fe fuccèdent, et les plus noires
vapeurs l'obfèdent ; *échafaud, bour-*
reaux, voilà les mots qu'elle prononce
fans ceffe. Tâchez de venir au plutôt ;
elle me parle fouvent de vous ; elle
vous parle comme fi vous étiez préfente. On m'appelle pour retourner
auprès d'elle, et je ne puis vous écrire
que ce peu de lignes qui vous perce-
ront le cœur ; le mien eft déchiré.
Hélas ! je fens vivement le malheur
de mon amie, et je fonge que je pourrais être auffi malheureufe. Adieu,
madame la Comteffe.

LETTRE CLXV.

—

Le Commandeur de Loewenstein

a

Melle Emilie de Wergentheim.

Mademoiselle,

Voilà le moment de donner des preuves de votre amitié à ma malheureuse nièce, et je vous prie de venir auprès d'elle, sans perdre un seul inſtant. Vous ſavez combien le marquis de St. Alban était cher à toute la famille, à moi, à ma pauvre nièce; l'année ne ſe ferait pas paſſée ſans qu'il entrât dans cette famille qui l'honorait, le chériſſait : hélas ! il n'eſt plus de bonheur pour moi, pour nous. Je preffais depuis long - temps ma nièce d'aller dîner à deux lieues d'ici, chez ma bonne amie la comtesse d'ALFIN-BOURG, et elle avait enfin accepté ; mais fa mère qui est incommodée, n'a pu venir avec nous ; elle m'a dit pendant la route, qu'elle avait reçu une lettre du Marquis, qui la raffurait beaucoup, en lui mandant qu'il avait paffé plufieurs jours aux avant-postes, mais qu'il était rentré dans la ligne. Je lui ai expliqué ce que c'était, et elle a paru fort tranquille. Hélas! Mademoifelle, mon cœur faigne en me rappelant les espérances auxquelles s'est livrée ma pauvre nièce. Nous avons parlé de divers arrangemens, et je l'ai affurée que le mois de janvier ne fe pafferait pas, fans qu'il fe formât une alliance qui ferait notre bonheur à tous. Quelle reconnaiffance ne

m'a - t - elle pas témoignée, en me rappelant le don que je lui avais fait de
ma terre et baronnie de * * *! Nous
fommes arrivés, comme vous voyez,
Mademoiſelle, fort gais et fort contens,
chez la Comteſſe, qui nous a fait la
meilleure chère du monde. On a joué
après le dîner, et les parties faites, le
baron de BLOMBERG a tiré de ſa poche
le *moniteur* qu'il a lû tout haut. Ma
nièce n'a pas paru y faire grande attention, et cauſait à voix baſſe avec
la Comteſſe. L'article du tribunal révolutionnaire eſt venu, et ſur la liſte
des victimes il a lû d'abord pluſieurs
noms obscurs, et continuant, il a lû:
HENRI VICTOR St. ALBAN, ex-mar-
quis; un cri perçant s'eſt fait entendre,
c'était ma pauvre nièce qui était tombée ſans connaiſſance. J'ai regardé
l'article pour voir ſi c'était bien ſon
nom, et je n'ai pu en douter. On a eu

T 2

toutes les peines du monde à faire revenir ma nièce, et quand elle a repris
ses sens elle nous a regardés avec
un air qui m'a déchiré le cœur. Hélas! Mademoiselle, tout ce qui était
autour d'elle fondait en larmes, quoi-
qu'il n'y eût que quelques personnes
instruites du sujet de sa douleur. „Les
monstres! s'est-elle écriée, retirez-
vous bourreaux. " Elle a perdu
connaissance à plusieurs reprises, il
n'a pas été possible de songer à la
ramener, et je n'aurais pu soutenir
pendant la route un tel spectacle. La
Comtesse l'a fait conduire dans une
chambre, et je suis resté seul avec elle,
auprès de ma malheureuse nièce. Elle
tient dans ses mains un portrait du
Marquis qu'elle inonde de larmes,
qu'elle approche sans cesse de ses lè-
vres, ou presse sur son cœur, et elle
s'écrie quelquefois :" je vous rejoindrai

bientôt, mon cher Marquis." Voilà,
Mademoiselle, l'état de votre amie,
arrivez je vous prie, vous seule pouvez lui donner quelque consolation, s'il
en est; ou du moins la calmer. Ne
perdez pas de temps, je vous en conjure, au nom de votre tendre amitié
pour cette femme infortunée. Je suis
avec un profond respect, Mademoiselle,

*le Commandeur
de Lœwenstein.*

LETTRE CLXVI.

BERTRAND A JENNY.

Tu fais fans doute à préfent, ma chère JENNY, qué j'ai perdu mon cher maître. J'avais comme une idée de ce qui eft arrivé à ce brave homme que je n'oublierai jamais. Ton pauvre BERTRAND, aurait été pris avec lui, s'il avait pu le fuivre, et ferait à préfent *ad patres;* mais il aurait accompagné jusqu'au bout fon cher maître, et qui fait s'il ne l'aurait pas dégagé des mains de ces enragés, car tu fais que j'ai le bras bon. Hélas! je l'ai vu, ma chère amie, entre les mains de ces coquins de Patriotes, et je courais comme un fou, pour envoyer des cavaliers à leurs trouffes et le rattraper. C'eft moi qui ai fait part de ce malheur à monfieur le Vicomte qui commande le corps, et il a été bien fâché. Il m'a dit comme ça : BERTRAND venez demain chez moi, j'y fuis été, et je ne pouvais lui parler, tant la douleur me ferrait le cœur. Ce bon feigneur m'a pris la main, et il avait lui-même les larmes aux yeux. „Vous perdez un bon maître, mon cher BERTRAND, et moi un excellent ami. Mais Monfieur, lui fis-je, il ne mourra peut-être pas ? — Ah ! mon ami, il faut le regarder comme mort entre les mains de ces gens-là, et je fais qu'ils le mènent à Paris ; " et puis il m'a dit: „voilà un paquet qu'il faut porter à monfieur le comte de LONGUEIL ; il renferme les dernières volontés du

Marquis, et je crois favoir fes intentions pour vous, dont vous n'aurez pas
lieu d'être mécontent. Voilà cent
douze ducats qu'il m'avait remis il y
a trois jours. Servez-vous-en pour
les frais de votre route, et vous re-
mettrez le refte à votre arrivée à
monfieur le comte de LONGUEIL."
J'ai baifé mille fois les mains de ce
bon feigneur, et je fuis parti pour
aller trouver monfieur le Comte.
Quand j'ai paru devant cet honnête
homme, il m'a dit auffitôt : „mon pauvre BERTRAND, je fuis fûr que vous
êtes bien affligé," et il a levé les mains
au ciel; enfuite il a ouvert le paquet
de monfieur le Vicomte. J'ai remis
à monfieur le Comte cent fix ducats,
des cent douze que m'avait donnés
monfieur le Vicomte, en lui difant que
j'avais tâché de dépenfer le moins
poffible. „Le tout vous appartient mon

cher BERTRAND, et vous êtes plus
riche que vous ne penfez." Il a ouvert
alors un petit tiroir où il m'a montré
des rouleaux. Je n'en ai jamais tant
vu, ma chère JENNY, et j'étais là
comme une pierre, d'étonnement, et
il en a compté neuf d'une fois, en difant
cela fait dix; tu entends, parce que j'en
avais cent, et il en a compté encore
plus de deux cents, et il m'a dit: ,,tout
cela vous appartient mon cher BER-
TRAND." Je me fuis mis à pleurer.
,,Ah! Monfieur, lui fis-je, monfieur
le Marquis était bien bon; mais comment peut-il donner tout cela à
BERTRAND? il ne mérite pas cela
Monfieur; qu'il ait un morceau de
pain, voilà qui eft bon pour lui. Vous
n'êtes pas le feul, m'a dit monfieur le
Comte, à qui le Marquis a fongé en
mourant, et voilà des fonds confidérables que l'on a trouvé moyen de

lui faire paſſer par la voie de la Suiſſe,
et j'allais l'en prévenir, lorsque j'ai
appris la fatale nouvelle. „Il m'a fait
après cela la lecture d'un article du
teſtament de mon cher maître, qué
j'ai écouté tout tremblant. „Il faut
que vous en ayez une copie, me fit-il,
et comme cela n'eſt pas long, je vais
le transcrire et le ſigner;" et il m'a
remis cet article, que j'ai baiſé mille
fois tout pleurant. Te voilà donc ma
chère JENNY avec bien de bons ducats; car toi ou moi ça ne fait qu'un.
N'ai-je pas raiſon? et tu penſes de
même, tout ce que tu as eſt à ton pauvre BERTRAND. Que je ferais content, ma chère JENNY, d'avoir toute
cette fortune, ſi Monſieur vivait! il
ferait lui-même bien content, j'en
ſuis bien ſûr, ce bon ſeigneur, de
voir ſon BERTRAND heureux. Il m'a-
vait bien des fois promis, qu'il me

donnerait de quoi vivre, et faire un bon petit commerce; mais comme je me souviens toujours de mon pauvre père qui avait à Troye, une belle et bonne auberge, connue à cent lieues à la ronde. C'était *le lion d'or*, et on y faisait des biscuits excellens, dont les plus grands seigneurs faisaient provision en passant. J'en ai la recette, et qui nous empêcherait d'en faire? sans le feu qui a pris à la maison et l'a toute brûlée, (je me souviens encore de cela comme si j'y étais,) BER-TRAND n'aurait jamais été domestique. J'étais là comme le poisson dans l'eau, et l'argent roulait dans la maison; mais tout est pour le mieux, ma chère JENNY, et j'aurais été vingt ans dans la misère, que je n'en serais pas fâché, vois-tu, si il fallait cela pour avoir connu JENNY. Je serai presque aussi-tôt que ma lettre à Loewenstein, ma

chère amie, avec mon petit tréfor. Ah
mon dieu ! qu'il m'en coûtera pour revoir la coufine de mon maître, et madame la Comteffe, pour celle-là fi elle
en mourait, je n'en ferais pas furpris.
Ah ! mon Dieu, mon Dieu ! quand je
fonge que cette brave dame, qui aimait
tant mon maître, allait être ma maîtreffe ! mon cœur faignera, je t'affure,
bien fort en rentrant chez le bon
homme Schmitt, en voyant la chambre de mon maître. Adieu, ma chère
Jenny. Je t'embraffe de tout mon
cœur. Fais bien mes complimens, je
t'en prie, à monfieur Jean, et dis bien
des chofes à la bonne Madelaine.

LETTRE CLXVII.

Mᴇʟʟᴇ Eᴍɪʟɪᴇ

ᴀ ʟᴀ

Cᴏᴍᴛᴇssᴇ ᴅᴇ Lᴏɴɢᴜᴇɪʟ.

Qu'ai-je à vous apprendre? hélas! madame la Comtesse, la raison de notre amie est absolument égarée. Elle a voulu rester seule, pendant un jour et demi, et n'a pas mangé, quelque instance qu'on lui ait faite. Comme la contradiction est funeste dans l'état où elle est, on s'est conformé à ses idées, et on l'a laissée seule ; tel a été l'avis du médecin qui nous a fort engagés à éviter la plus légère irritation, et à entrer même dans son sens. Nos précautions ne paraiffent pas avoir eu grand fuccès, et ce matin fon esprit était abfolument aliéné. Quand je fuis entrée dans fa chambre: „j'entends, a-t-elle dit; j'y vais, le tombereau eft-il là? ... c'eft celui de la reine .. .... je ne fuis pas fi grande dame qu'elle, pourquoi n'irais-je pas?" Le médecin avait un habit noir; elle l'a pris pour un prêtre: „je meurs innocente, Monfieur, donnez-moi l'ab-folution." Elle a voulu couper fes cheveux; nous nous y fommes forte-ment oppofés, et elle les a relevés, enfuite prenant le portrait du Mar-quis: „vous m'appelez, vous êtes là haut mon cher, j'y vais, qu'attend-on?" Elle eft tombée fur fon lit comme épui-fée. Une demi-heure après, elle s'eft relevée, et avec un rire forcé, que je ne puis vous rendre, elle a dit: „il fait bien beau aujourd'hui; mais je vais dans un monde où il fera bien plus beau: n'eſt-ce pas Monſieur? " s'adreſ-sant au médecin. Cette ſcène a fini par un long aſſoupiſſement, et à ſon réveil elle a été encore plus agitée; toujours parlant de bourreaux et de guillotine, comme s'ils étaient ſous ſes yeux. Elle continue à ne rien prendre, elle eſt inſenſible aux pleurs de ſa mère, et à ceux de ſon oncle, ainſi qu'aux miens. Je ne ſais comment je puis ſoutenir ces déchirantes ſcènes; ma mère veut que je revienne chez elle; mais je la conjure de me laiſſer ici jusqu'à votre arrivée. Adieu, ma-dame la Comteſſe, combien votre ame doit ſouffrir au milieu de tant d'infor-tunes, qui ſe ſuccèdent pour la déchirer! heureuſement votre courage égale vo-tre ſenſibilité.

LETTRE CLXVIII.

—

Melle Emilie
a la
Comtesse de Longueil.

Je continue, madame la Comtesse, le triste journal qu'exige votre amitié. Je suis entrée avec le médecin à huit heures, ce matin, dans la chambre de notre amie; il lui a trouvé un peu de fièvre, et il a paru désirer qu'elle fût plus forte: „je crains, dit-il, qu'elle ne soit si peu fensible que parce que l'abattement est extrême." Il lui a fait prendre un cordial qui l'a ranimée, et la matinée s'est passée assez doucement, à quelques treffaillemens près, et de profonds foupirs par inter-valle. J'ai interrogé le médecin, et il m'a répondu, que l'état où elle fe trouvait, lors de la fatale lecture, ag-gravait prodigieufement fon mal; qu'il était à craindre qu'il n'y eût engorgement au cerveau, et que fa raifon ne foit long-temps altérée. Quelle affreufe perfpective! . . . . . mais enfin, qu'elle vive. Ce qui res-tera de ma charmante amie me fera toujours précieux, et ne pourra-t-elle pas reconnaître quelquefois fon amie? Recevez, madame la Comteffe, l'hom-mage de mon respect.

LETTRE CLXIX.

La Comtesse de Longueil

a

Melle Emilie de Wergentheim.

Je ne suis pas sans espoir, Mademoiselle, sur l'état de notre amie. J'ai vu plusieurs femmes, par des accidens à peu près semblables, privées plusieurs mois de leur raison, et la retrouver avec la santé; il est vrai que je n'en ai pas vu qui fussent affectées en même temps d'une si violente douleur; l'horreur du genre de mort ajoute encore au regret infini de la perte, et le plus affreux spectacle se présente sans cesse à l'imagination. Je suis

occupée à foigner ici, une de mes amies
réduite à la plus affreufe mifère, et
qui périt d'une comfomption caufée
par le chagrin. Elle n'a que moi pour
la confoler et la fecourir; quand je
m'abfente une demi - journée, elle
eft dans la défolation. Cette malheureufe femme eft mon amie dès l'enfance;
nous avons été inféparables jusqu'à
cette affreufe Révolution, eft - ce le
moment de la quitter, Mademoifelle?
Je tâcherai cependant de lui faire entendre raifon, et d'obtenir d'elle, la
permiffion de m'abfenter pour aller voir
notre amie. J'ai beaucoup d'espoir de
vos foins pour notre chère Comteffe, et
fi quelqu'un peut parvenir à lui procurer quelque calme, c'eft vous, Mademoifelle, qui connaiffez fi bien la route
de fon cœur et de fon esprit. Daignez
continuer de me donner de fes nouvelles, que je tremble et défire de favoir.

LETTRE CLXX.

—

Melle Emilie
a la
Comtesse de Longueil

L'état de notre pauvre amie, madame
la Ducheffe, femble empirer tous les
jours ; quelquefois elle paffe plufieurs
heures tranquille en apparence, mais
c'eft le calme de l'abattement ; hier
elle a été ainfi presque toute la journée, et l'efpérance fe gliffait dans mon
cœur ; cet état s'eft foutenu jusqu'à
dix heures qu'elle s'eft couchée, et je
fuis reftée près d'elle, jusqu'à ce que
je l'afe vue endormie. Sa femme de

chambre m'a remplacée, et j'ai été me mettre à table ; mais une demi - heure après, cette femme eft rentrée dans la falle à manger pour me prier de monter : sa maîtreffe, m'a - t - elle dit, venait de fe réveiller en furfaut, et tout en fueur. Elle fe tord les mains, frissonne, treffaillit. Arrivée près de cette chère amie, quel fpectacle m'a frappée ! je l'ai trouvée dans le plus grand défordre, fans bonnet, fans fichu, fanglotant, haletant, et enfuite demeurant un quart d'heure les yeux fixes. Je lui ai pris les mains, j'ai pleuré moi - même, et n'ai pu que prononcer de moment en moment : ma chère Victorine. Il s'appelait Victor auffi, s'eft-elle écriée ; c'était fon nom, nous avions le même nom . . . . Je l'ai recoiffée, et j'ai voulu l'engager à prendre quelque nourriture, car elle n'avait pas mangé de la journée,

„Pourquoi, a-t-elle dit, vouloir pro-
longer ma vie ? — Vous voulez donc
abandonner votre EMILIE ? " Le
Commandeur eſt entré, et ſachant
de quoi il s'agiſſait, il a parlé bas
à la femme de chambre, qui eſt revenue bientôt après avec un bouillon.
Le Commandeur l'a pris de ſes mains,
et ſe mettant à genoux près du lit:
„ſera-t-il dit que ma chère nièce me
refuſe ? — Non, non, mon cher oncle,
je vous obéirai jusqu'au dernier moment de ma vie." Quelque temps après,
le médecin eſt entré, et l'a engagée à
prendre une potion calmante, qui a
paru lui faire du bien; nous ſommes
ſortis, et la nuit a été aſſez tranquille.

LETTRE CLXXI.

Mᴸᴸᴱ EMILIE

ᴀ ʟᴀ

COMTESSE DE LONGUEIL.

Notre pauvre malade a supporté affez bien la route, madame la Comteffe, et eft arrivée hier à cinq heures; on fe flattait qu'elle pourrait paffer une bonne nuit, parce qu'elle était affez tranquille. L'abattement était ex-trême; fes yeux étaient fixes, quelquefois égarés; mais par un hafard bien malheureux, BERTRAND qui venait voir JENNY, s'eft rencontré dans le veftibule; elle s'eft élancée vers lui avec un cri perçant : „et votre maître mon cher BERTRAND, vous venez donc d'arriver ? J'ai eu bien du chagrin ; mais où eſt - il ? " BERTRAND eſt demeuré interdit, on a pris la Comteſſe ſous le bras, pour la faire monter, et BERTRAND a disparu. „Le Marquis eſt donc là haut ? . . . "Elle a cherché en entrant dans ſon appartement, parlant tout bas, elle s'eſt enſuite écriée : „ah ! il n'y a plus d'espoir ; mais ai-je rêvé, j'ai vu BERTRAND ; " et elle l'a appelé pendant quelques minutes. On lui a dit qu'il était parti pour Francfort. Abandonner ainſi ſon maître, a-t-elle dit, l'ingrat ! et elle eſt entrée en fureur. On a été obligé d'uſer de quelque force pour la faire coucher. Le médecin eſt arrivé, lui a trouvé une fièvre ardente, et elle eſt tombée pendant ſa viſite, dans le plus affreux délire. Je vais tâcher

de dormir quelques heures, madame
la Comtesse, et je continuerai demain
mon triste journal.

LETTRE CLXXII.

—

Melle Emilie
a la
Comtesse de Longueil.

Le délire a subfifté toute la nuit et
dure encore; les plus effrayantes con-
vulfions fe font jointes à cet état, et
le médecin désespère. C'eft tout ce
que je puis faire que de refter un
quart d'heure de temps en temps
dans fa chambre: le fpectacle eft affreux; elle s'eft mife cette nuit, le

vifage tout en fang ; elle fait des cris qui font entendus au fond de la cour. J'ai frémi lorsqu'en entrant ce matin, je l'ai entendu dire : ,,on coupe fes cheveux, qu'on me les donne.... ah ! gardez tout bourreaux !" Le médecin vient d'entrer, il a prié le père et la mère de la Comteffe de fortir, et a fait refufer la porte au Commandeur. Il s'eft enfuite approché de la malade et a levé les yeux au ciel. Je lui ai demandé s'il y avait quelque nouvel accident. Hélas ! m'a-t-il dit, elle a des foubrefauts dans les tendons, c'eft un fymptôme bien fâcheux ; fortez de grâce, Mademoifelle. Je n'ai pas voulu la quitter, et je me fuis fait apporter à dîner dans fon cabinet de toilette. Adieu, Madame, à demain : mes yeux font enflés et ma tête eft étonnée ; il femble qu'elle va fe fendre. Vous êtes attendue par toute la famille,

avec bien de l'impatience, et je suis au
désespoir de ne pouvoir me trouver
à votre arrivée ; mais vous savez que
je suis obligée de me rendre pour deux
jours à Mayence. Vos soins ne laisseront
rien à désirer pour notre amie, et je
vous conjure de me donner de ses
nouvelles demain au soir. Adieu,
Madame.

LETTRE CLXXIII.

—

LA COMTESSE DE LONGUEIL
A
MELLE EMILIE DE WERGENTHEIM.

C'eſt à moi, Mademoiſelle, à vous rendre compte de l'état de votre amie; mais avant, je dois vous faire part d'une idée qui m'eſt venue, en apprenant qu'il n'était pas mort ſur l'échafaud, mais s'était tué en préſence des juges. Notre ſenſible et malheureuſe amie ſe croit ſans ceſſe entourée de bourreaux, en ſongeant à la mort tragique du Marquis; j'avais penſé que ce ſerait peut-être un ſoulagement pour

elle, d'apprendre que fes derniers
inftans n'ont point été fouillés par l'approche des bourreaux, et qu'il a dérobé fa perfonne à leurs mains infames. J'ai communiqué mon idée à
la mère de notre amie, au Commandeur, et au médecin : ah ! Mademoifelle, je ne puis vous rendre ce qui
s'eft paffé dans cette confultation. Les
larmes, les fanglots l'interrompaient à
chaque inftant, parce qu'il nous a fallu
lire l'affreux récit de la mort du Marquis, et en détailler les circonftances,
pour juger de l'effet qu'elles produi-
raient. Le docteur SIVERMARUS,
dont vous connaiffez l'impaffible gra-
vité, avait fans ceffe fon mouchoir à
la main. Son avis a été contraire à
mon opinion, et je ne pus m'empêcher d'y déférer. Il nous a dit que
la Comteffe avait un grand fond de
religion, et qu'en apprenant que le

Marquis avait attenté fur fes jours ;
fa douleur et fes alarmes deviendraient
encore plus profondes et plus vives.
„Son imagination, nous a dit ce respectable docteur, ne fera que fubftituer
une fcène d'horreurs à une autre ;
mais il eft à craindre qu'au lieu d'un
innocent qui a droit à la miféricorde
divine, elle ne lui repréfente le Marquis comme un coupable qui, préve-
nant les décrets de la providence, a
difpofé d'une vie qui lui devait être
foumife. Elle croit le Marquis dans
le fein de la divinité, jouiffant des
récompenfes accordées aux juftes ; elle
fe flatte, l'infortunée, de le rejoindre
dans peu ; hélas ! nous lui ôterons
cet espoir ; elle fe le repréfentera fans
ceffe, condamné aux tourmens de l'en-
fer, et féparé d'elle pour l'éternité.
Les idées religieufes font celles qui ont
le plus de prife fur les ames fenfibles,

jugez, a-t-il ajouté, de la profonde impreſſion que doit produire ſur celle de
madame la Comteſſe, le tableau d'un
Dieu irrité, qui demande compte à
un mortel, du dépôt qu'il lui a confié,
et celui des tourmens réſervés à ceux
qui ont transgreſſé ſes immuables lois.«
Il ne ſera plus queſtion, d'après ces
conſidérations, d'inſtruire la Comteſſe
et de changer le cours de ſes idées.
Elle eſt à peu près dans le même état
où vous l'avez vue, mais l'abattement ſemble être plus marqué. Adieu,
Mademoiſelle.

LETTRE CLXXIV.

—

Melle Emilie
a la
Comtesse de Longueil.

L'état de la malade est à peu près le même, depuis votre départ; mais les forces diminuent fensiblement. La fièvre a pris à fa malheureufe mère, le Commandeur est tourmenté d'un cruel accès de goutte, et garde fon lit bien malgré lui. Je ferais feule auprès de la Comtesse, fi la petite CHARLOTTE, guidée par fon cœur, n'avait tant fait qu'elle a obtenu la permiffion de fe rendre ici. Elle a paffé la nuit dernière, toute entière auprès de notre amie, fans dormir un inftant, toujours debout ou à genoux auprès de fon lit, lui ferrant les mains, pleurant avec elle: le Marquis avait bien raifon de dire que ce ferait un charmant fujet. Je fuis obligée de monter et de descendre fans ceffe, pour donner des nouvelles à la mère, au Commandeur. Le docteur eft revenu ici, peu après votre départ, et y paffera deux jours. Il nous a donné quelquefois un peu d'espérance; mais il évite depuis fon retour de répondre à nos queftions. Ah! Madame, je vois bien en noir.

———

LETTRE CLXXV.

—

Melle Emilie
a la
Comtesse de Longueil.

Je m'étais couchée à neuf heures, je me suis relevée à quatre; le chirurgien avait veillé auprès d'elle, il m'a dit qu'elle avait été tranquille à force d'abattement. Je l'ai trouvée un peu affoupie, une heure après elle s'eft éveillée et a pris un peu de bouillon. „Où fuis-je, a-t-elle dit? Ah! mon Emilie!" . . . . . elle m'a ferré les mains avec affez de force. „Ah! mon pauvre esprit! . . . mais auffi, qu'elle horreur!" La raifon a paru lui être

entièrement revenue, et j'ai fait un
cri de joie. Le médecin m'a regardée
avec un air de compaſſion, la faibleſſe
a toujours été en augmentant, elle eſt
retombée dans l'aſſoupiſſement.

LETTRE CLXXVI.

—

LE DOCTEUR SIVERMARUS
A LA
COMTESSE DE LONGUEIL.

Madame la Comteſſe,

Perſonne ici n'a la force de vous
écrire, et l'on exige de moi, que je vous
apprenne une affreuſe nouvelle: vous
avez perdu une tendre amie, et la nature eſt privée d'un de ſes plus beaux

ornemens. On n'entend ici que des fanglots, dans quelque endroit qu'on aille. Lors du fatal moment, il y avait deux cents payfans dans la cour, qui venaient favoir de fes nouvelles, et auffitôt on a entendu un gémiffement univerfel et des cris de désespoir. Tout le monde part demain. Je fuis avec respect

Madame la Comteffe

Votre très - humble et très- obéiffant ferviteur,

le docteur Sivermarus.

Fin.

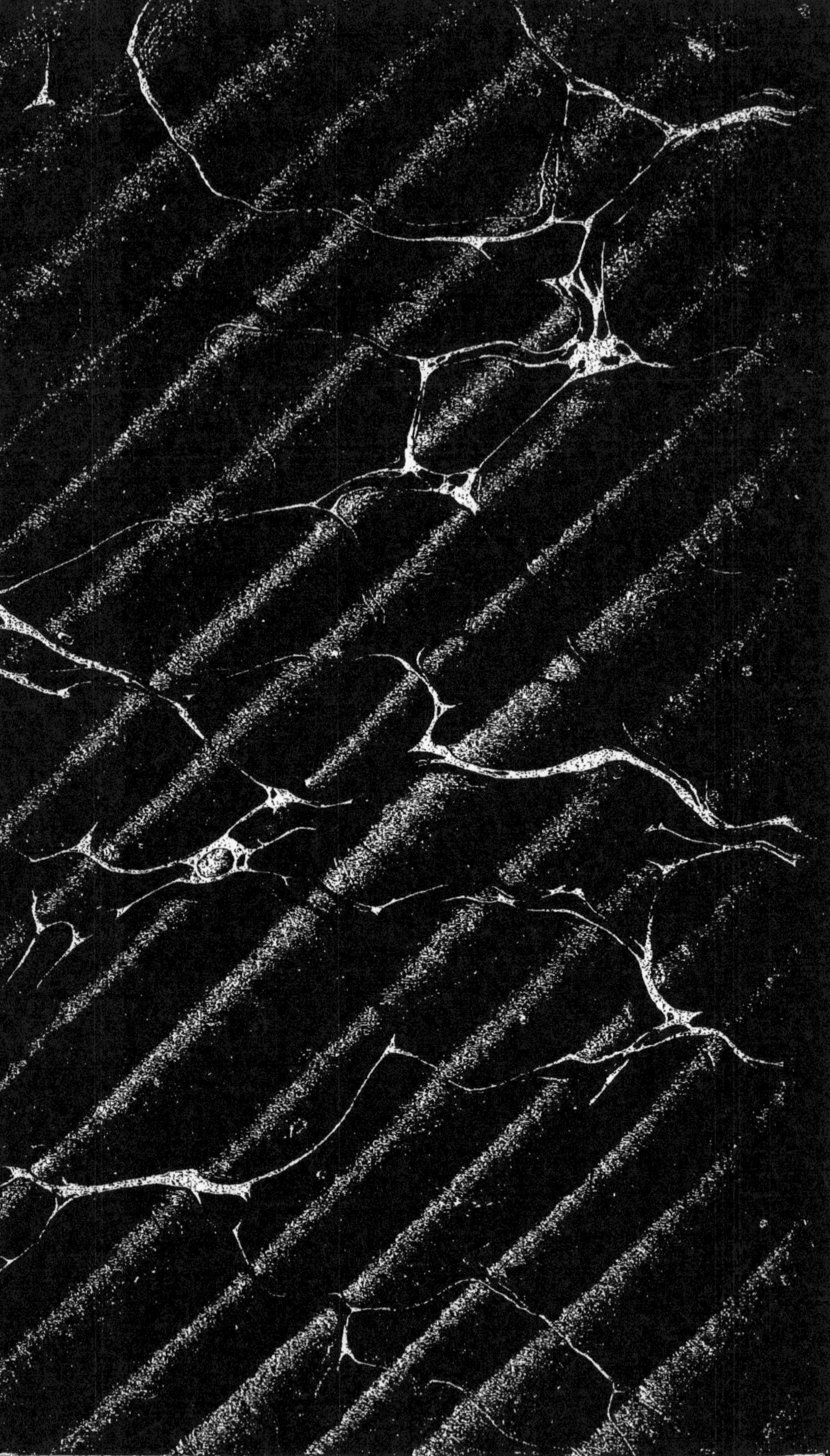

8° L 3 4 a
FO (H)